- A tíz csapás

Engedetlen
és
Engedelmes
Élet

Dr. Jaerock Lee

*„Mert én tudom az én gondolatimat,
a melyeket én felőletek gondolok, azt mondja az Úr;
békességnek és nem háborúságnak gondolata,
hogy kivánatos véget adjak néktek."*
(Jeremiás 29,11)

Engedetlen és Engedelmes Élet szerző: Dr. Jaerock Lee
Kiadta az Urim Books (Képviselő: Seongnam Vin)
73, Yeouidaebang-ro 22-gil, Dongjak-gu, Szöul, Korea
www.urimbooks.com

Ez a könyv vagy annak egy része nem reprodukálható semmilyen formában, nem tárolható előhívható rendszerben, nem sokszorosítható semmilyen formában vagy eszköz által, elektronikus, mechanikai vagy fénymásolt, rögzített vagy más formában, a kiadó előzőleges írásos beleegyezése nélkül.

Hacsak másként nem jelöltük, az összes bibliai idézet a Károli Szent Bibliából származik. Engedéllyel felhasználva.

Szerzői jog © 2015 Dr. Jaerock Lee
ISBN: 979-11-263-0516-2 03230
Fordítás szerzői joga © 2012 Dr. Esther K. Chung Engedéllyel felhasználva.

Korábban koreai nyelven kiadta az Urim Books 2007-ben

Első kiadás: 2020 Január

Kiadta: Dr. Geumsun Vin
Tervezte az Urim Books kiadói irodája
Nyomtatta a Prione Printing
További információért lépjen velünk kapcsolatba az alábbi címen:
urimbook@hotmail.com

Előszó

Az Amerikai Egyesült Államok polgárháborúja akkor érte el tetőfokát, amikor a tizenhatodik elnökük, Abraham Lincoln, böjttel összekötött imanapot hirdetett ki 1863 április 30-án.

„A mai félelmetes katasztrófák az apáink által elkövetett bűnök következményei lehetnek. Túlságosan büszkék voltunk a sikereinkre és a vagyonunkra. Annyira büszkék, hogy elfelejtettünk Istenhez imádkozni, aki megteremtett bennünket. Meg kell vallanunk a nemzetünk bűneit, és Isten kegyelmét kell kérnünk, alázatos magatartással. Ez az Egyesült Államok állampolgárainak a kötelessége."

Amint a nagy vezető sugallta, számos amerikai böjtölt és imádkozott azon a napon.

Lincoln alázatosan imádkozott Istenhez, és megmentette az

Egyesült Államokat a szétesésről. Tulajdonképpen minden gondra megtalálhatjuk a választ Istennél.

A századok során az evangéliumot számos prédikáló terjesztette, azonban ennek ellenére számos ember nem hallgat Isten szavára, mondván: inkább magában hisz.

Manapság szokatlan hőmérsékletváltozások és természeti katasztrófák vannak, szerte a világon. Az orvostudomány fejlődése ellenére is, olyan betegségek vannak, amelyek újak, és ellenállnak a gyógyszeres kezelésnek.

Elképzelhető, hogy valóban magukban hisznek az emberek. Lehet, hogy távol tartják magukat Istentől, de amikor megnézzük az életüket belülről, nem látunk mást, mint: aggodalom, fájdalom, szegénység, és betegség.

Egy napon valaki elveszítheti az egészségét. Van, aki a szeretett családtagját, vagy a vagyonát veszíti el a balesetek miatt. Megint mások lehet, hogy az üzletükben vagy a munkahelyükön tapasztalnak meg nehézségeket.

Lehet, hogy így kiáltanak fel: „Miért történnek meg ezek a dolgok velem?" Nem tudják a kiutat. Számos hívő szenved a megpróbáltatásoktól, de a kiutat nem tudja.

Mindennek oka van azonban. Az összes gondnak és nehézségnek szintén megvan az oka.

Egyiptom tíz csapása, valamint a zsidó húsvét szabályai, amelyeket a Bibliában találunk, az Exodus könyvében, megadják mindenféle problémánkra a megoldást, olyan problémákra, amelyekkel az emberek naponta találkoznak a földön.

Egyiptom spirituális értelemben a világot jelképezi, és Egyiptom tíz csapásának leckéje még ma is mindenkire vonatkozik a földön. Nem sok ember jön rá Isten akaratára, amely a tíz csapásban nyilvánul meg.

Mivel a Biblia nem „tíz csapást" említ, sokan azt gondolják, hogy tizenegy, vagy tizenkét ilyen csapás van.

Az első vélemény azon a jeleneten alapszik, amikor Áron botja kígyóvá változik. Azonban nincsen semmilyen kár vagy csapás abban, hogy valaki meglát egy kígyót. Ezért nehéz lenne ezt bevenni a tíz csapások egyikébe.

Azonban, mivel egy kígyó a vadonban megölhet bárkit a nagyon erős mérgével, nagyon megijedhetünk csak a megpillantásától is. Ezzel magyarázható, hogy vannak, akik beveszik ezt is a tíz csapás közé.

A második vélemény szintén a bot kígyóvá változásáról szól, ráadásul az egyiptomi katonák halálát is ide veszi a Vöröstengerben. Mivel akkor Izrael népe még nem kelt át a Vöröstengeren, ezt is a tizenkét csapás egyikének tekintik. Azonban, ami fontos, az a spirituális jelentés, nem a csapások száma. Isten gondviselése, ahogy megjelenik a tíz csapásban.

Ezzel ellentétben ebben a könyvben a Fáraó életét látjuk, aki ellenszegült Isten szavának, valamint Mózes életét, aki engedetlen életet élt. Isten szeretetét is tartalmazza, aki az Ő korlátlan együttérzésével megengedi nekünk, hogy megpillantsuk az üdvösség útját a Húsvét megünneplése által, a körülmetélés törvénye által, és a kovásztalan kenyér ünnepe által.

A Fáraó tanúsította Isten hatalmát, de ellenszegült neki, és visszafordíthatatlan állapotba került. Azonban az izraeliták biztonságban voltak a szerencsétlenségektől, mivel engedelmeskedtek.

Isten azért adja tudtunkra a tíz csapást, hogy rájöjjünk: miért jönnek a megpróbáltatások, és megoldhassuk a gondjainkat az életünkben, és olyan életet éljünk, amelyben nincsenek katasztrófák.

Továbbá, azzal, hogy elmondja az áldásokat, amelyek az engedelmességünk eredményeképpen várnak ránk, Isten azt akarja, hogy a mennyei királyságot birtokoljuk, mint az Ő gyermekei.

Azok, akik ezt a könyvet elolvassák, meg fogják találni a megoldást az életük gondjaira. A lelkük lecsillapodik, mint ahogy megérzik az édes esőt a hosszú apály után, és eljutnak a válaszok és áldások útjára.

Megköszönöm Geumsun Vinnek, a kiadói iroda igazgatójának és az összes dolgozónak, akik ezt a kiadványt lehetővé tették. Az Úr Jézus Krisztus nevében imádkozom, hogy az összes olvasó engedelmes életet éljen, és Istentől csodálatos szeretetet és áldásokat kapjon.

2007. július

Jaerock Lee

Tartalomjegyzék

Előszó

Az Engedelmes Életről · 1

Első fejezet
Egyiptom tíz csapása · 3

Második fejezet
Engedetlen és csapásokkal teli élet · 19

Harmadik fejezet
A vér, békák és szúnyogok csapása · 31

Negyedik fejezet
A legyek, a pestis és a kelések csapása · 49

Ötödik fejezet
A jégeső és a sáskák csapása · 65

Hatodik fejezet
A sötétség és az elsőszülött halálának csapása · 79

Az Engedetlen Életről · 91

Hetedik fejezet
Húsvét és üdvösség · **93**

Nyolcadik fejezet
Körülmetélés, és úrvacsora vétel · **109**

Kilencedik fejezet
Exodus és a kovásztalan kenyér ünnepe · **125**

Tízedik fejezet
Az engedelmes élet és az áldások · **139**

Az Engedelmes
Életről

Ha pedig nem hallgatsz az Úrnak,
a te Istenednek szavára,
hogy megtartsad és teljesítsed
minden parancsolatát és rendelését,
a melyeket én parancsolok ma néked:
reád jőnek mind ez átkok,
és megteljesednek rajtad:
Átkozott leszesz a városban, és átkozott a mezőn.
Átkozott [lesz] a te kosarad és a te sütő tekenőd.
Átkozott lesz a te méhednek gyümölcse
és a te földednek gyümölcse,
a te teheneidnek fajzása és a te juhaidnak ellése.
Átkozott leszesz bejöttödben,
és átkozott leszesz kimentedben
(5 Mózes 28,15-19).

Első fejezet

Egyiptom tíz csapása

Exodus 7,1-7

Az Úr pedig monda Mózesnek: Lásd, Istenévé teszlek téged a Faraónak, Áron pedig, a te atyádfia, szószólód lészen. Te mondj el mindent, a mit néked parancsolok; Áron pedig, a te atyádfia mondja meg a Faraónak, hogy bocsássa el Izráel fiait az ő földéről. Én pedig megkeményítem a Faraó szívét és megsokasítom az én jeleimet és csudáimat Égyiptom földén. És a Faraó nem hallgat reátok; akkor én kezemet Égyiptomra vetem és kihozom az én seregeimet, az én népemet, az Izráel fiait Égyiptom földéről nagy büntető ítéletek által. S megtudják az Égyiptombeliek, hogy én vagyok az Úr, a mikor kinyujtándom kezemet Égyiptomra és kihozándom az Izráel fiait ő közülök. És cselekedék Mózes és Áron, a mint parancsolta vala nékik az Úr; úgy cselekedének. Mózes pedig nyolczvan esztendős és Áron nyolczvanhárom esztendős vala, a mikor a Faraóval beszéltek.

Mindenkinek joga van boldognak lenni, de nem sokan érzik magukat valóban boldognak. Különösen a mai világban, amely tele van különböző balesetekkel, betegséggel, bűnözéssel – valóban nagyon nehéz manapság bárkinek a biztonságát garantálni.

Van azonban valaki, aki azt szeretné, jobban, mint bárki más, hogy megtapasztaljuk a boldogságot. Az Isten Atya ez, aki bennünket megteremtett. Minden szülő szívében ott van a vágy, hogy mindent megadjon a gyermekeinek, feltétel nélkül, a boldogságuk miatt. A mi Istenünk szeret minket, sokkal jobban, mint a szüleink, és jobban meg akar áldani bennünket, mint amennyire a szüleink azt kívánhatnák.

Hogyan akarná ez az Isten, hogy a gyermekei katasztrófát és fájdalmat tapasztaljanak meg? Semmi nem állhat távolabb Isten igazi akaratától velünk kapcsolatban.

Ha képesek vagyunk rájönni Isten gondviselésének spirituális tartalmára, ahogy azt Egyiptom tíz csapásában látjuk, rájövünk, hogy ez volt az Ő szeretete. Ráadásul rájövünk: mily módon tudjuk a katasztrófát elkerülni. A katasztrófák alatt megtalálhatjuk a kiutat, ami az áldások útja.

Amikor nehézségeik vannak, nagyon sokan nem hisznek Benne, hanem panaszkodnak Isten ellen. Még a hívők között is vannak olyanok, akik nem értik az Isten szívét, amikor nehézségeik vannak. Csalódnak, és kétségbe esnek.

Jób a leggazdagabb ember volt a keleten. Amikor

szerencsétlenség érte, először nem értette meg az Isten akaratát. Úgy beszélt, mintha nem érte volna váratlanul a balszerencse. A Jób 2,10-ben ezt találjuk: mivel Istentől áldásokat kapott, volt rá esély, hogy a szerencsétlenség is utoléri. Azonban azt is gondolta – helytelenül – hogy Isten ok nélkül is áld, és büntet.

Isten szívében nem szerencsétlenség van a számunkra, hanem béke. Mielőtt megtárgyaljuk Egyiptom tíz csapását, nézzük meg a körülményeket és a helyzetet abban az időben.

Az Izraeliták megteremtése

Izrael Isten választott népe. A történelemben nagyon jól látszik Isten gondviselése és akarata ezzel a néppel kapcsolatban. Izrael a Jákobnak adott név volt, aki Ábrahám unokája volt. Izrael ezt jelenti: *„mert küzdöttél Istennel és emberekkel, és győztél"* (Genezis 32,28).

Izsák Ábrahám fia volt, és Izsáknak ikerfiai születtek: Ézsau és Jakob. Szokatlan volt, hogy a második fiú, Jákob, fogta a testvére sarkát, amikor megszülettek. Jákob meg akarta szerezni az elsőszülött jogát Ézsautól, aki idősebb volt.

Ezért később Jákob megvette Ézsautól az elsőszülött jogát, kenyérért és lencsepörköltért. Az apját, Izsákot is becsapta, hogy elvehesse az elsőszülött jogaival járó áldást.

Manapság az emberek mentalitása nagyon megváltozott, és nem csak a fiúknak, hanem a lányoknak is adnak a vagyonukból, örökségként. Azonban régen az elsőszülött fiú örökölt mindent az apjától; Izraelben is ugyanez volt a helyzet.

A Biblia azt mondja, hogy Jákob csalással vette el az elsőszülött jogát, azonban ő valójában Isten áldásaira vágyott. Amíg áldásokat kapott, nagyon sok nehézségen kellett átmennie. El kellett hagynia a testvérét. A nagybátyjánál szolgált, Lábánnál, húsz évig, és sok csalással kellett szembe-néznie ez alatt.

Amikor Jákob visszatért a szülővárosába, életveszélyes helyzetben volt, mert a testvére még haragudott rá. Azért kellett Jákobnak ezeken a tapasztalatokon átmennie, mert ravasz volt, és a saját előnyét kereste.

Azonban, mivel jobban félt Istentől, mint mások, felszámolta az egóját és az „énjét" ezekben a megpróbáló időkben. Végül ily módon megkapta Isten áldását, és Izrael nemzete megalakulhatott a tizenkét fia által.

Az Exodus háttere és Mózes megjelenése

Miért éltek az izraeliták szolgaként Egyiptomban?

Jákob, Izrael apja, kivételezett a tizenegyedik fiával, Józseffel. József Ráhel fia volt, aki Jákob legforróbban szeretett felesége volt. Ez kiváltotta József féltestvéreinek az irigységét, akik végül Józsefet eladták rabszolgaként Egyiptomba.

József istenfélő volt, és becsülettel viselkedett mindig. Mindenben Istennel járt, és tizenhárom évvel az után, hogy eladták rabszolgának Egyiptomba, a király után az első vezetővé vált az országban.

Nagyon nagy szárazság volt a Közel-Keleten, és József akaratából Jákob és a családja Egyiptomba költözött. Mivel József bölcsességével Egyiptom megszabadult a súlyos aszálytól, a fáraó és az egyiptomiak a családját nagyon szívélyesen látták, és odaadták a gosheni földet nekik.

Több generáció után az izraeliták elszaporodtak, mire az egyiptomiak fenyegetve érezték magukat. Mivel ez több száz évvel az után volt, hogy József meghalt, már elfelejtették József kegyelmét.

Ezért az egyiptomiak elkezdték üldözni az izraelitákat, rabszolgává téve őket. Az izraelitákat kemény munkára ítélték.

Hogy megállítsák a szaporulatot, a fáraó megparancsolta a bábáknak, hogy öljék meg az újszülött fiúkat.

Mózes, az Exodus vezére ebben a sötét korszakban született.

Az anyja látta, hogy szép, ezért elrejtette őt három hónapra. Amikor már nem tudta tovább rejtegetni, beletette őt egy vesszőkosárba, amit elrejtett a Nílus-parti nádasban.

Egyiptom hercegnője lement a Nílus-partra, hogy megfürödjön a folyóban. Meglátta a kosarat, amit meg akart tartani. Mózes nővére figyelte az eseményeket, és gyorsan beajánlotta Jokebedet, mint bábát, aki egyébként Mózes igazi anyja volt. Ily módon Mózest az igazi anyja nevelte fel. Természetesen tudott Ábrahám, Izsák és Jákob Istenéről, valamint az izraelitákról is.

Mivel a fáraó palotájában nőtt fel, Mózes sok olyan ismeretet elsajátított, amit később vezetőként felhasználhatott. Ugyanakkor nagyon jól megismerte a népét és Istent is. A szeretet, amit mindkettő iránt érzett, szintén felnőtt benne.

Isten kiválasztotta Mózest az Exodus vezéreként, ezért ő születésétől kezdve gyakorolta a vezetést és az önkontrollt.

Mózes és a fáraó

Egy napon változás állt be Mózes életében. Mindig aggódott a népéért, a zsidókért, és aggódott, amikor rabszolgák voltak és rabigában éltek. Egy napon meglátta, amint egy egyiptomi egy zsidót ütött. Nem tudta a dühét visszafogni, és megölte az egyiptomit. Végül a fáraó fülébe jutott a dolog, és Mózesnek el kellett mennie tőle.

Mózes a következő negyven évet pásztorként kellett volna hogy eltöltse, a Médiai vadonban. Ez mind Isten gondviseléséből történt, hogy felkészítse őt az Exodus vezéreként. A 40 alatt, amíg az apósa juhait őrizte a vadonban, teljesen felhagyott a méltósággal, amelyet mint egyiptomi herceg ismert, és nagyon alázatos emberré vált.

Csak ez után történt meg az, hogy Isten Mózest hívta el, hogy vezesse az Exodust.

Mózes pedig monda az Istennek: Kicsoda vagyok én, hogy elmenjek a Faraóhoz és kihozzam az Izráel fiait Égyiptomból? (Exodus 3,11).

Mivel Mózes negyven éven át pásztorkodott, nem volt magabiztos. Isten ismerte a szívét, és sok mindent mutatott neki, mint például egy szolga kígyóvá változását, hogy elmehessen a fáraóhoz, és átadhassa Isten parancsát.
Mózes teljesen alázatos volt, ezért képes volt Isten akaratának megfelelni. Azonban a fáraó nagyon keményszívű volt, Mózessel ellentétben.

Egy keményszívű ember nem változik meg az után sem, miután Isten megnyilvánulásait látta. A jól ismert példázatban, amit Jézus mond Máté evangéliumának 13,18-23 verseiben, a négy féle mezőből (területből) a kemény szív az „útmentéhez" hasonlít. Az útmente nagyon kemény, mivel az emberek ezen járnak, és ezért ezek az emberek akkor sem változnak meg, amikor Isten munkáit megtapasztalják.

Abban az időben az egyiptomiaknak nagyon kemény karaktere volt, mint az oroszlánoknak. A vezetőjük, a fáraó Istennek hitte magát, és abszolút hatalommal bírt. Az emberek is úgy szolgálták, mint egy Istent.

Mózes azokkal beszélt Istenről, akiknek megvolt ez a fajta

kulturális megértése. Semmit sem tudtak arról az Istenről, akiről Mózes beszélt, és aki azt parancsolta a fáraónak, hogy engedje el az izraelitákat. Érthető módon nehéz volt számukra, hogy Mózest kövessék.

Nagy előnyökre tettek szert az izraeliták munkája által, így még nehezebb volt, hogy elfogadják őt.

Manapság is vannak emberek, akik csak a saját tudásukat, hírnevüket, tekintélyüket, vagy vagyonukat tartják a leginkább fontosnak. Csak a saját előnyüket keresik, és csak a saját képességeikben bíznak. Arrogánsak, és a szívük kemény.

A fáraó és az egyiptomiak szíve is kemény volt. Nem követték Isten akaratát, ahogy azt Mózes közvetítette. Végig ellenkeztek, míg végül meghaltak.

Bár a fáraó szíve kemény volt, Isten nem engedte, hogy a csapások nagyon hamar megtörténjenek.

Amint a Bibliában találjuk: *„Irgalmas és könyörületes az Úr, késedelmes a haragra és nagy kegyelmű"* (145,8 zsoltár), Isten számtalanszor megmutatta az Ő hatalmát nekik Mózes által. Isten azt akarta, hogy elismerjék Őt, és engedelmeskedjenek Neki. Azonban a fáraó még jobban megkeményítette a szívét.

Isten, aki minden ember szívét látja, mindent elárult Mózesnek abból, amit tudott.

Én pedig megkeményítem a Faraó szívét és

megsokasítom az én jeleimet és csudáimat Égyiptom földén. És a Faraó nem hallgat reátok; akkor én kezemet Égyiptomra vetem és kihozom az én seregeimet, az én népemet, az Izráel fiait Égyiptom földéről nagy büntető ítéletek által. S megtudják az Égyiptombeliek, hogy én vagyok az Úr, a mikor kinyujtándom kezemet Égyiptomra és kihozándom az Izráel fiait ő közülök (Exodus 7,3-5).

A fáraó kemény szíve, és a tíz csapás

Az Exodus teljes folyamata alatt számtalanszor megtaláljuk a következőt: „*Én pedig megkeményítem a Faraó szívét*" (Exodus 7,3).

Úgy tűnik, hogy Isten szándékosan keményítette meg a fáraó szívét, ezért Isten diktátorként jelenhet meg számunkra. De ez nem így van.

Isten azt szeretné, hogy mindenki üdvözüljön (1 Timóteushoz 2,4). Még a legkeményebb szívű embernek is azt kívánja, hogy rájöjjön az igazságra, és üdvözüljön.

Isten a szeretet Istene, aki soha nem keményítené meg szándékosan a fáraó szívét, hogy a saját dicsőségét feltárja. Azzal, hogy Isten többször is a fáraó elé küldte Mózest, láthatjuk: Isten azt szeretné, ha a fáraó és mindenki más is engedelmeskedne Neki, megjavult szívvel.

Isten mindent rendben cselekszik, igazságosan, az Igét követve a Bibliában.

Ha gonoszak vagyunk, én nem hallgatunk Isten szavára, az ellenséges ördög meg fog vádolni bennünket. Ezért van az, hogy próbatételeink vannak. Azok, akik betartják Isten szavát, és igazságban élnek, áldásokban részesülnek.

Az emberek a szabad akaratukból cselekszenek. Isten nem tervezi el, ki fog áldásokat kapni, és ki nem. Ha Isten nem a szeretet és igazság Istene lenne, a kezdetekkor már nagy csapást mérhetett volna Egyiptomra, hogy a fáraót megadásra kényszerítse.

Isten nem az „erőltetett engedelmességet" várja tőlünk, mely a félelemből származik. Azt szeretné, ha az emberek kinyitnák a szívüket, és a szabad akaratukból engedelmeskednének Neki.

Először: megmutatja az Akaratát, és a Hatalmát, melynek engedelmeskedni tudunk. Amikor nem engedelmeskedünk, kisebb nehézségeket küld ránk, melyek által magunkba szállunk, és megtaláljuk magunkat.

A mindenható Isten ismeri az emberek szívét, tudja, mikor kell a gonoszságot feltárni, attól megszabadulni, és hogyan kaphatunk segítséget a problémáinkra.

Még ma is a jó útra terel minket Isten, megmutatva a legjobb útját annak, hogyan lehetünk az Ő szent gyermekei.

Időről időre megengedi, hogy megpróbáltatásaink legyenek, amelyeket le tudunk győzni. Ez a módja számunkra a gonoszságunk megtalálásának, és leküzdésének. Mivel a lelkünk virágzik, megengedi, hogy minden ügyünk jól alakuljon, és jó egészséget ad nekünk.

A fáraó nem szabadult meg a gonoszságától, amikor az felszínre került. Megkeményítette a szívét, és továbbra is ellenszegült Istennek. Mivel Isten ismerte a fáraó szívét, megengedte, hogy a nehézségek által feltáruljon. Ezért mondja a Biblia: „Én pedig megkeményítem a Faraó szívét."

Ha valakinek „kemény a szíve," azt jelenti, hogy válogatós és makacs a jelleme. A Bibliában lejegyzett kemény szív, mely a fáraóé, nem csak arról szól, hogy Isten szavának gonoszsággal ellenáll, hanem arról is, hogy Isten ellen szegül.

Amint korábban megjegyeztük, a fáraó nagyon énközpontú életet élt, magát Istennek gondolva. Mindenki engedelmeskedett neki, és nem volt félnivalója. Ha jó szíve lett volna, hitt volna Istenben, amikor látta Isten munkáinak megnyilvánulását Mózes által, még úgy is, hogy korábban nem tudott Istenről.

Például Nabukodonozor Babilonból, aki 605 és 562 között élt időszámításunk előtt, nem tudott Istenről, de amikor megtapasztalta Isten hatalmát Dániel három barátja – Sidrák, Misák és Abednégó – által, elismerte Istent.

„Szóla Nabukodonozor, és monda: Áldott ezeknek Istene, a Sidrák, Misák és Abednégó Istene, a ki küldötte az ő angyalát és kiszabadította az ő szolgáit, a kik ő benne bíztak; és a király parancsolatát

megszegték és [veszedelemre] adták az ő testöket és nem szolgáltak és nem imádtak más istent az ő Istenökön kivül. Parancsolom azért, hogy minden nép, nemzetség és nyelv, a mely káromlást mond Sidrák, Misák és Abednégó Istene ellen, darabokra tépessék, és annak háza szemétdombbá tétessék: mert nincs más Isten, a ki így megszabadíthasson" (Dániel 3,28-29).

Sidrák, Misák és Abednégó rabokként egy idegen országba kerültek nagyon fiatalon. Hogy Isten parancsainak megfeleljenek, nem hajoltak meg egy bálvány előtt. Egy tüzes kemencébe dobták őket. Azonban nem esett bajuk, még a hajuk szála sem görbült meg. Amikor Nabukodonozor látta ezt, azonnal elismerte az élő Istent.

Nem csak elismerte a mindenható Istent, amikor a munkáit megtapasztalta, melyek az emberi képességeken túl vannak, hanem a népe előtt dicsőítette Istent.

Azonban a fáraó nem ismerte el Istent, még az után sem, hogy látta a munkáit. Még jobban megkeményítette a szívét. Csak miután mind a tíz csapást elszenvedte, engedte el az izraelitákat.

Azonban, mivel a kemény szíve nem változott, megbánta, hogy elengedte az izraelitákat. Üldözte őket a hadseregével, aminek eredményeképpen a katonái mind meghaltak a Vöröstengerben.

Az izraeliták Isten védelme alatt álltak

Mialatt Egyiptom földjét a csapások verték, az izraelitákat nem érték kalamitások, bár ők is ugyanitt voltak. Ez azért történt, mert Isten a gondviselése alá vette azt a földet, ahol az izraeliták éltek: Goshen földjét.

Ha Isten megvéd bennünket, még nagy bajok és szerencsétlenségek közepette is biztonságban leszünk. Még ha betegek vagyunk, vagy nehézségeink vannak, akkor is meggyógyulhatunk, és leküzdhetjük ezeket Isten hatalmából.

Az izraelitákat nem azért védelmezte Isten, mert volt hitük, és igazságosak voltak. Azért voltak védettek, mert Isten kiválasztott népe ők. Az egyiptomiakkal ellentétben, Istent keresték a szenvedéseik közepette, és mivel elismerték Őt, a Védelme alatt állhattak.

Hasonlóképpen, ha van is bennünk valamilyen gonoszság, csupán az által, hogy Isten gyermekeivé válunk, megelőzhetjük azokat a katasztrófákat, amelyek a hitetleneket érik.

Jézus Krisztus vére által megbocsájtották a bűneinket, és Isten gyermekeivé váltunk, ezért már nem a gonosz gyermekei vagyunk, aki megpróbáltatásokat és katasztrófát hoz ránk.

Továbbá, ahogy a hitünk nő, megtartjuk az Úr napját szentnek, eldobjuk a gonoszságot, és engedelmeskedünk Isten szavának, így megkaphatjuk Isten szeretetét és áldásait.

Most pedig, óh Izráel! mit kíván az Úr, a te Istened

tőled? Csak azt, hogy féljed az Urat, a te Istenedet; hogy minden ő utain járj, és szeresd őt, és tiszteljed az Urat, a te Istenedet teljes szívedből, és teljes lelkedből, Megtartván az Úrnak parancsolatait és rendeléseit, a melyeket én ma parancsolok néked, hogy jól legyen dolgod! (5 Mózes 10,13).

Második fejezet

Engedetlen és csapásokkal teli élet

Exodus 7,8-13

És szóla az Úr Mózesnek és Áronnak mondván: Ha szól hozzátok a Faraó mondván: tegyetek csudát; akkor mondd Áronnak: Vedd a te vessződet és vesd a Faraó elé; kígyóvá lesz. Beméne azért Mózes és Áron a Faraóhoz, és úgy cselekedének, a mint az Úr parancsolta vala; veté Áron az ő vesszejét a Faraó elé és az ő szolgái elé, és kígyóvá lőn. És előhívá a Faraó is a bölcseket és varázslókat, és azok is, Égyiptom írástudói, úgy cselekedének az ő titkos mesterségökkel. Elveté ugyanis mindenik az ő vesszejét és kígyókká lőnek; de az Áron vessze elnyelé azok vesszejét. És megkeményedék a Faraó szíve és nem hallgata reájok, a mint megmondotta vala az Úr.

Karl Marx elutasította Istent. Megalapította a kommunizmust a materializmus alapján. Az elmélete miatt nagyon sok ember elhagyta Istent. Úgy tűnt, hogy az egész világ átveszi a kommunizmust. Azonban a kommunizmus 100 éven belül összedőlt.

Marx nem csak a kommunizmus bukását kellett hogy végignézze, hanem a személyes életében is olyan dolgoktól szenvedett, mint a mentális problémái, valamint a gyerekei korai halála.

Friedrich W. Nietzsche – aki szerint „Isten halott" – számos embert befolyásolt abban, hogy Isten ellen álljon. Azonban rövid időn belül megőrült a félelemtől, és tragikus halállal meghalt.

Láthatjuk: azok, akik Isten ellen állnak és ellenzik a Szavát, nehézségektől szenvednek, melyek olyanok, mint a csapások, és nagyon nyomorult életet élnek.

A csapások, megpróbáltatások, tesztek és kínok közötti különbségek

Függetlenül attól, hogy valaki hívő vagy nem, az élete során lesznek nehézségei. Ez azért van, mert az életünk Isten gondviselése alatt áll, mellyel az emberiséget műveli, hogy igaz gyermekeket nyerjen.

Isten csak jó dolgokat adott nekünk. Azonban, mivel Ádám bűne miatt mi is bűnösökké váltunk, a világ az ellenséges ördög és a Sátán ellenőrzése alá került. Innentől kezdve, az emberek különböző nehézségektől és fájdalmaktól szenvedtek. A gyűlölet, düh, megvetés, arrogancia és csalás miatt az emberek bűnöket követtek el. A bűn súlyának megfelelően mindenféle tesztet és megpróbáltatást kaptak, melyeket az ellenséges ördög és a Sátán hozott rájuk.

Amikor nagyon nehéz helyzet elé kerülnek, az emberek azt mondják: szörnyűség történt. Amikor a hívők állnak nehézségek előtt, gyakran használják a „teszt," „megpróbáltatás," vagy „próbatétel" szavakat.

A Biblia azt is mondja: „*Nemcsak pedig, hanem dicsekedünk a háborúságokban is, tudván, hogy a háborúság békességes tűrést nemz, A békességes tűrés pedig próbatételt, a próbatétel pedig reménységet,*" (Rómaiakhoz 5,3-4).

Annak megfelelően, hogy az igazságban élünk vagy nem, valamint a hitünk mértékének megfelelően, ezeket hívhatjuk szerencsétlenségeknek vagy csapásoknak, teszteknek vagy megpróbáltatásoknak.

Például, ha egy embernek van hite, de nem az Igének megfelelően cselekszik, amit mindig is hallgatott, Isten nem tudja megvédeni őt a szenvedéstől, és sok fajta nehézségtől. Ezt „megpróbáltatásnak" nevezzük. Továbbá, ha elfeledi a hitét, és igaztalanul viselkedik, csapásoktól és szerencsétlenségtől fog szenvedni.

Tegyük fel, hogy egy ember meghallgatja az Igét, és gyakorolja azt, de egyelőre nem él teljesen ennek megfelelően. Át kell mennie a folyamaton, amelyben harcol a bűnei ellen. Amikor egy ember különböző nehézségekkel találkozik, melyekkel meg kell küzdenie, egészen addig, amíg a vére nem folyik, a Biblia azt mondja: megpróbáltatásai vannak, vagy megfegyelmezik őt. Azaz, sok nehézségen megy át, melyeket összességében „próbáknak" hívunk.

Egy „teszt" egy olyan alkalom, amelyben meg lehet nézni, mennyit nőtt valakinek a hite. Azok számára, akik az Ige szerint próbálnak élni, vannak próbák és tesztek, melyek bekövetkeznek. Ha egy személy elkószál az igazság mellől, és ezzel feldühíti Istent, egy „kíntól" vagy „csapástól" fog szenvedni.

A csapások okai

Amikor egy ember szándékosan bűnözik, Istennek el kell fordítania a fejét tőle. A csapások akkor jönnek, amikor valaki ellenszegül Isten szavának.

Ha nem tér meg, hanem tovább bűnözik, akkor is, ha már szenvedett a próbáktól, még nagyobb csapásokat fog elszenvedni, mint az egyiptomi tíz csapás. Azonban, ha megbánja a bűneit és megtér, a csapások hamar elmúlnak, Isten kegyelméből.

Az emberek a gonoszságuk miatt szenvednek a csapásoktól, és a szenvedők között két féle embertípust láthatunk.

Egy csoport Isten elé járul, megpróbálja megbánni a bűneit, és a csapások által megtér. Másrészt, a másik csoport még mindig panaszkodik Isten előtt, ezt mondva: „Szorgalmasan járok templomba, imádkozom és áldozom, miért kell ilyen csapástól szenvednem?"

Az eredmények nagyon változnak. Az előbbi esetben a csapás elmúlik, és Isten áldása esik az emberekre. Az utóbbi esetben rá sem jönnek a problémára, és még nagyobb gondokkal kell szembenézniük.

Annak megfelelően, hogy mennyi gonoszság van a szívünkben, nagyon nehéz számunkra beismerni a hibáinkat és megtérni. Az ilyen emberben olyan kemény a szív, hogy még akkor sem nyitja ki azt, amikor meghallja az evangéliumot. Ha meg is tér, nem érti meg Isten szavát, elmegy a templomba, de nem változik meg.

Ezért, ha csapástól szenvedsz, rá kell jönnöd, hogy valami nem tetszett Istennek, és gyorsan el kell fordulnod a bűnödtől.

Isten által kínált esélyek

A fáraó elutasította Isten szavát, melyet Mózes közvetített neki. Nem tért meg, amikor a próbák kisebbek voltak, ezért még nagyobb gondokat kapott. Amikor még tovább folytatta a gonoszságot, ellenszegülve Istennek, az egész országa meggyengült, és nem tudott felerősödni. Végül tragikus halált halt. Mennyire bolond volt!

Annakutána pedig elmenének Mózes és Áron és mondának a Faraónak: Ezt mondá az Úr, Izráelnek

Istene: Bocsásd el az én népemet, hogy ünnepet üljenek nékem a pusztában (Exodus 5,1).

Amikor Mózes megkérte a fáraót, hogy küldje ki az izraelitákat, ahogy a Bibliában van, a fáraó azonnal visszautasította ezt.

A Faraó pedig mondá: „Kicsoda az Úr, hogy szavára hallgassak, és elbocsássam Izráelt? Nem ismerem az Urat és nem is bocsátom el Izráelt" (Exodus 5,2).

A Faraó pedig mondá: Kicsoda az Úr, hogy szavára hallgassak, és elbocsássam Izráelt? Nem ismerem az Urat és nem is bocsátom el Izráelt (Exodus 5,3).

Amikor a fáraó meghallotta Mózest és Áront, megvádolta Izrael népét, hogy lusták és másra gondolnak, nem a munkájukra. Még kegyetlenebb munkával üldözte őket. Az izraelitáknak korábban szalmát adtak, hogy téglát készítsenek belőle, de most ugyanannyi téglát kellett elkészíteniük anélkül, hogy szalmát kaptak volna. Még a szalmával sem könnyű az izraeliták számára, hogy téglát készítsenek, de most már azt sem adott nekik a fáraó. Láthatjuk: mennyire kemény volt a szíve.

Ahogy a kemény munkájuk még nehezebb lett, az izraeliták elkezdtek panaszkodni Mózes ellen. Azonban Isten elküldte Mózest a fáraóhoz újra, hogy jeleket mutasson. Isten újabb lehetőséget adott a fáraónak, aki ellenszegült a szavának, hogy megbánja a bűneit.

> *Beméne azért Mózes és Áron a Faraóhoz, és úgy cselekedének, a mint az Úr parancsolta vala; veté Áron az ő vesszejét a Faraó elé és az ő szolgái elé, és kígyóvá lőn* (Exodus 7,10).

Mózes által Isten kígyót teremtett, hogy tanúsítsa az élő Istent a fáraó számára, aki nem ismerte Istent.

Spirituális értelemben a kígyó a Sátánra utal, de miért varázsolt Isten kígyót a botból?

A föld, amelyen Mózes állt, és a szolgálók is, mind evilágiak voltak. Ez a világ az ellenséges Sátáné és az ördögé. Hogy ezt a tényt szimbolizálja, Isten egy kígyót alkotott. Ezzel azt mondja, hogy azok, akik nem jók Isten szemében, mindig megkapják a Sátán munkáit.

A fáraó Isten ellen szegült, így Isten nem áldhatta meg őt. Ezért Isten egy kígyót jelenített meg, amely a Sátánt képviselte. Ez előre jelezte, hogy a Sátán munkálkodni fog. A következő csapások, mint a vér, kígyók, szúnyogok, mind a Sátán által jelentek meg.

Amikor egy bot kígyóvá válik, az a szint, amikor egy érzékeny ember rájön arra, hogy mi történik, még a kis dolgokból is. Van, aki csak véletlent lát ezekben. Ezen a szinten nincs valódi kár. Ez egy esély, amelyet Isten ad, az igaz bűnbánatra.

A fáraó behozza Egyiptom mágusait

Amint a fáraó látta Áron botját kígyóvá változni, összehívta Egyiptom varázslóit és bölcseit. Ezek a palota mágusai voltak, akik sok trükköt bemutattak a királynak, hogy szórakoztassák őt. Hivatalos személyekké léptették elő őket a mágiájuk miatt. A temperamentumukat az elődeiktől örökölték.

Még ma is, néhány mágus átmegy a kínai Nagy Falon, sok-sok ember előtt, vagy eltünteti a Szabadságszobrot. Van, aki nagyon hosszú időn át képezi magát jógával, így egy vékony ágon is képes aludni, vagy sok napon át egy vödörben tartózkodik.

Ezek közül a mágiák közül néhány csak becsapása a szemünknek. Azonban, valóban be is tanulhatnak néhány csodálatos dolgot. Milyen erősek lehettek ezek a Varászlók, hiszen számos generáción át a király előtt kellett szerepelniük! Az is elképzelhető, hogy gonosz szellemekkel tartottak kapcsolatot.

Vannak olyan varázslók Koreában, akik a démonokkal kapcsolatba lépnek, és táncolnak a vékony pengéken, melyekkel a füvet vágják, és nem sérülnek meg egyáltalán. A fáraó varázslói szintén kapcsolatban álltak a gonosz szellemekkel, és sokféle csodálatos dolgot mutattak be.

Az egyiptomi varázslók sokáig gyakoroltak, és az illúzió és trükkök által az eldobott botból kígyót varázsoltak.

Azok, akik nem ismerik el az élő Istent

Amikor Mózes az eldobott botból egy kígyót varázsolt, a fáraó pillanatnyilag azt gondolta, hogy létezik Isten, és Izrael Istene az igaz Isten. Amikor azonban azt látta, hogy a varázslók kígyót varázsoltak, nem hitt Istenben.

A varázslók kígyóit felfalta az Áron botjából alakult kígyó, de ő azt gondolta, hogy ez véletlen csupán.

A hitben nincs véletlen. De egy új hívő esetében, aki most fogadta el az Urat, a Sátán számos munkája megzavarhatja őt abban, hogy higgyen Istenben. Ugyanakkor számos ember csak véletlent lát ezekben.

Isten segítségével számos új hívő megtalálja a megoldást a problémájára. Először felismerik Isten hatalmát, de ahogy az idő telik, azt gondolják, csak véletlen lehetett.

Amint a fáraó megtapasztalta Isten munkáját abban, hogy a bot kígyóvá változott, de nem ismerte el Istent, vannak olyan emberek, akik mindent véletlennek vélnek, még az után is, hogy megtapasztalták az élő Istent.

Vannak olyanok, akik teljesen hisznek Istenben, miután egyszer megtapasztalták a munkáit. Olyanok is akadnak, akik először elismerik Istent, de később azt gondolják, hogy a gondjaikat a saját képességük, tudásuk, tapasztalatuk, vagy a szomszédjuk segítségével oldották meg, és Isten munkáját csupán a véletlen művének hiszik.

Isten nem tehet mást, mint hogy félre fordítja az arcát tőlük.

Következésképpen, a probléma, ami egyszer már megoldódott, még egyszer visszatérhet.

Egy meggyógyult betegség esetén, lehet, hogy a betegség visszatér, vagy még súlyosabbá válik. Egy üzleti gond esetén lehet, hogy még nagyobb gondok lesznek, mint korábban. Amikor Isten válaszát csupán véletlennek gondoljuk, ezzel még messzebb kerülünk Istentől. Ugyanaz a probléma még egyszer visszatérhet, és még nehezebb gondokba kerülhetünk.

Hasonlóképpen, mivel a fáraó Isten munkáját a véletlennek tulajdonította, valódi csapásoktól kezdett szenvedni.

És megkeményedék a Faraó szíve és nem hallgata reájok, a mint megmondotta vala az Úr (Exodus 7,13).

Harmadik fejezet

A vér, békák és szúnyogok csapása

Exodus 7,20-8,19

Mózes és Áron pedig úgy cselekedének, a mint az Úr parancsolta vala. És felemelé a vesszőt és megsujtá a vizet, a mely a folyóban vala a Faraó előtt és az ő szolgái előtt, és mind vérré változék a víz, a mely a folyóban vala (7,20).

És monda az Úr Mózesnek: Mondd Áronnak: Nyujtsd ki kezedet a te vessződdel a folyóvizekre, csatornákra és a tavakra, és hozd fel a békákat Égyiptom földére. És kinyujtá kezét Áron Égyiptom vizeire, és békák jövének fel és ellepék Égyiptom földét (8,5-6).

És szóla az Úr Mózesnek: Mondd Áronnak: Nyujtsd ki a te vessződet és sujtsd meg a föld porát, hogy tetvekké legyen egész Égyiptom földén. És aképen cselekedének. Áron kinyujtá kezét az ő vesszejével és megsujtá a föld porát, és tetvek lőnek emberen és barmon; a föld minden pora tetvekké lőn egész Égyiptom földén (8,16-17).

És mondák az írástudók a Faraónak: Az Isten ujja ez. De kemény maradt a Faraó szíve, és nem hallgata reájok; a mint mondotta vala az Úr (8,19).

A vér, békák és szúnyogok csapása · 33

Isten azt mondta Mózesnek, hogy a fáraó szíve megkeményedik, és nem engedi el az izraelitákat még akkor sem, amikor a bot kígyóvá változik. Isten részletesen elmondta Mózesnek, hogy mit tegyen.

Eredj a Faraóhoz reggel; ímé ő kimegy a vízhez, és állj eleibe a folyóvíz partján, és a vesszőt, a mely kígyóvá változott vala, vedd kezedbe (Exodus 7,15).

Mózes találkozott a fáraóval, aki a Nílus partján gyalogolt. Mózes átadta Isten szavát, kezében fogva a botot, amely kígyóvá változott.

És mondd néki: Az Úr, a héberek Istene küldött engem hozzád, mondván: Bocsásd el az én népemet, hogy szolgáljanak nékem a pusztában; de ímé mindez ideig meg nem hallgattál. Így szólt az Úr: Erről tudod meg, hogy én vagyok az Úr: Ímé én megsujtom a vesszővel, a mely kezemben van, a vizet, a mely a folyóban van, és vérré változik. És a hal, a mely a folyóvízben van, meghal, a folyóvíz pedig megbüdösödik és irtózni fognak az Égyiptombeliek vizet inni a folyóból (Exodus 7,16-18).

A vér csapása

A víz nagyon közel áll az emberhez, hiszen a mindennapi életünk része. Az emberi test hetven százaléka vízből áll, és nélkülözhetetlen elem az összes élőlény számára.

A mai növekvő népesség és gazdasági fejlődés mellett nagyon sok nemzet van, amely a víz hiányától szenved. Az Egyesült Nemzetek bevezette a „világ víznapját," hogy felhívja a figyelmet a vízre. Ezzel is bátorítani szeretné az embereket, hogy hatékonyan használják a korlátolt vízforrásokat.

Az ókori Kínában létezett egy vízellenőrzési miniszter. Könnyen láthatjuk, hogy a víz mindenhol ott van körülöttünk, de néha nem vesszük észre, mekkora a viszonylagos fontossága az életünkben.

Milyen nagy gond lenne, ha az országban lévő összes víz vérré válna! A fáraó és az egyiptomiak nagyszerű dolgot láttak: a Nílus vérré változott.

Azonban a fáraó megkeményítette a szívét, és nem hallgatott Isten szavára, mert látta a varázslókat is, amint a vízből vért varázsoltak.

Mózes megmutatta neki az élő Istent, de a fáraó véletlennek tekintette, és tagadta, amit látott. Egy csapás jött rá, a gonoszságának megfelelően.

Mózes és Áron úgy tett, ahogy azt az Úr parancsolta. A fáraó és szolgálói szeme láttára Mózes felemelte a botot és ráütött a Nílus vizére, mire az vérré változott.

Az egyiptomiaknak a Nílus körül kellett ásniuk, hogy ivóvizet nyerjenek. Ez volt az első csapás.

A vér csapásának spirituális jelentése

Mi a vér csapásának spirituális jelentősége? Egyiptom nagyobb része sivatag és vadon. Ezért a fáraónak és a népének nagyon meg kellett szenvednie, mivel az ivóvizük vérré változott.

Nem csak az ivóvizük és a mindennapi vizük romlott meg, hanem a halak is megdöglöttek a vízben, és nagy bűz volt. Nagy volt a kellemetlenség.

Ebben az értelemben a vér csapása spirituális értelemben azokra a szenvedésekre vonatkozik, amelyeket a mindennapi életünkben el kell hogy viseljünk. Ezek irritáló és fájdalmas dolgok, amelyek a legközelebbi emberektől származnak, mint a családtagjaink, barátaink, kollégáink.

Ami a keresztény életünket illeti, ez a csapás üldözés vagy próbák formájában jelenik meg a legközelebbi barátainktól, szüleinktől, rokonainktól, vagy szomszédainktól. Természetesen azok, akiknek a hite nagyobb, könnyebben legyőzik ezeket, de a kishitűek nagy fájdalmat szenvednek az üldözések és tesztek miatt.

Megpróbáltatások a gonoszok részére

Két kategóriába esnek a megpróbáltatások okai.

Első az a megpróbáltatás, amikor nem élünk Isten szavának megfelelően. Ekkor, amennyiben gyorsan megbánjuk a bűnünket és megtérünk, Isten megszünteti a próbatételünket. Jakab 1,13-14 ezt mondja: *„Senki se mondja, mikor kísértetik: Az Istentől kísértetem: mert az Isten gonoszsággal nem kísérthető, ő maga pedig senkit sem kísért. Hanem mindenki kísértetik, a mikor vonja és édesgeti a tulajdon kívánsága."*

Az ok, amiért nehézségeink vannak az, hogy a vágyaink vezérelnek, és nem Isten szava szerint élünk, és ezért az ellenséges ördög próbatételeket hoz ránk.

Másodszor, néha megpróbálunk hűségeseknek maradni a keresztény életünkben, de még így is megpróbáltatások érnek bennünket. A Sátán zavaró munkái miatt van ez, mely azt szeretné, ha a hitünket elhagynánk.

Ebben az esetben, ha kompromisszumot kötünk, a nehézségek még nagyobbak lesznek, és nem kaphatunk áldásokat többé. Vannak, akik elveszítik a kis hitüket is, és visszamennek a világi életükbe.

Mindkét esetben az ok a bennünk lévő gonoszság. Szorgalmasan meg kell keresnünk a gonoszságot magunkban, és el kell fordulnunk tőle. Hittel kell imádkoznunk, és hálásnak kell lennünk. Ekkor elkerülhetjük a megpróbáltatásokat.

Ahogy Mózes kígyója felfalta a varázslók kígyóját, a Sátán világa is Isten ellenőrzése alatt áll. Amikor Isten először elhívta Mózest, jelet mutatott neki a botból lett kígyóval, melyet aztán megint bottá változtatott (Exodus 4,4). Ez azt a tényt szimbolizálja, hogy még ha tesztelnek is bennünket a Sátán munkái által, ha megmutatjuk a hitünket azzal, hogy teljesen Istenre hagyatkozunk, Isten mindent visszaállít a normálisra.

Ellenkezőleg, ha kompromisszumot kötünk, az nem hit, és nem tapasztalhatjuk meg Isten munkáit. Ha megpróbáltatásaink vannak, teljesen Istenben kell hinnünk, és látnunk kell, hogy Isten munkája elveszi tőlünk azokat.

Minden Isten ellenőrzése alatt van. Mindegy, hogy kicsi vagy nagy, ha egy bizonyos próbatételben teljesen Istenre hagyatkozunk, az nem lesz fontos a számunkra. Isten Maga fogja megoldani a gondunkat, és mindenben bőségre vezet minket.

A fontos dolog azonban az, hogy – ha ez egy kisebb csapás – nem könnyű teljesen rendbe jönni. Ezért állandóan ellenőriznünk kell magunkat az igazság szavával, el kell dobnunk a gonoszságot, és Isten szava szerint kell hogy éljünk, hogy ne kelljen csapásokkal szembe néznünk.

A hitbeli emberek tesztjei az áldások céljából történek meg

Néha léteznek kiugró esetek. Még a nagyhitű emberek is szembe mennek gondokkal. Pál apostol, Ábrahám, Dániel és a három barátja, valamint Jeremiás is, mind teszteken kellett hogy átmenjenek. Még Jézust is háromszor kísértette meg az ördög. Hasonlóképpen, ezek a próbák az áldások céljából történnek meg. Ha örülnek, hálásak és teljesen Istenre támaszkodnak, a tesztek áldásokká válnak, és így Istent dicsőíthetik.

Lehetséges azok számára is, akik hisznek, hogy próbákba szaladjanak, de áldások követik ezek legyőzését. Azonban soha nem kell szembe nézzenek egy nagy csapással. Csapások azzal az emberrel történik, aki Isten szemében hibázik.

Pál apostolt nagyon sokáig üldözték az Úr miatt, azonban emiatt nagyobb hatalomra tett szert, és kulcsszerepet játszott a Római Birodalom evangelizációjában, mint az idegenek apostola.

Dániel nem adta meg magát a gonosz emberek terveinek, akik féltékenyek voltak rá. Nem hagyta abba az imát, és egyenesen járt. Végül az oroszlán ketrecébe zárták, de semmilyen baja nem esett. Nagyban dicsőítette Istent.

Jeremiás gyászolt, és könnyek között figyelmeztette az embereket, amikor azok Isten előtt bűnöztek. Ezért megverték, és börtönbe zárták. De még akkor is, amikor Jeruzsálemet meghódította a babiloni Nabukodonozor, és sok embert megöltek, vagy rabságba vittek, Jeremiás megmenekült, és a király jól bánt vele.

Hittel Ábrahám átment a teszten, amelyikben feláldozta a fiát, Izsákot, és így Isten barátja lett. Nagyszerű áldásokat kapott szellemben és testben, és még egy király is tisztelettel fogadta.

A legtöbb esetben, ahogy fentebb láttuk, a próbatételek a bennünk levő, különböző formában megjelenő gonoszság miatt történnek, de vannak kiugró esetek is, amikor az Isten emberei olyan teszteket kapnak, amelyek a hitüket próbálják meg. Azonban ennek az eredménye az áldás.

A békák csapása

Még hét nappal az után is, hogy a Nílus vérré változott, a fáraó tovább keményítette a szívét. Mivel a varázslói is vérré alakították a vizet, elutasította, hogy megengedje: Izrael népe elmehet.

Mint a nemzet királya, a fáraónak gondoskodni kellett ivóvízről akkor is, amikor nem volt, de nem igazán törődött ezzel, mivel a szíve kemény volt.

A fáraó kemény szíve miatt a második csapás is elérte Egyiptomot.

> *És a folyóvíz békáktól pozsog és felmennek és bemennek a te házadba és ágyasházadba és ágyadra és a te szolgáid házába és néped közé és a te kemenczéidbe és sütőteknőidbe. És reád és népedre s minden te szolgáidra felmennek a békák* (Exodus 8,3-4).

Ahogy Isten elmondta Mózesnek, amikor Áron kinyújtotta a botját Egyiptom vizei fölé, rengeteg béka öntötte el Egyiptom földjét. Aztán a mágusok ugyanezt tették a titkos művészetükkel.

Antarktiszt nem számolva, több mint 400 különböző fajta béka van a világon. A méretük 2,5 cm és 30 cm között váltakozik.

Vannak, akik megeszik őket, azonban általában az emberek undorodnak a látványuktól. A békák szemei kidüllednek, és nincs farkuk. A bőrük mindig nedves, ezért negatív érzéseket váltanak ki általában.

A békák teljesen ellepték az egész országot. Az ebédlőasztalokon ültek, és a hálószobákban és az ágyakon ugráltak. Nem élvezhettek egyetlen étkezést sem, és nem pihenhettek nyugodtan ezért az emberek.

A békák csapásának spirituális jelentése

Mi a békák csapásának spirituális jelentése?

A jelenések könyve így magyaráz: „három tisztátalan szellem, mint a békák." A békák megvetendő állatok, és spirituálisan a Sátánra utalnak.

Az, hogy a békák a király palotájába, a miniszterek és az emberek házába bementek, azt sugallja, hogy a csapás mindenkit elért, függetlenül a szociális helyzetétől.

Az, hogy az ágyakba is bementek, azt jelentette, hogy gondok keletkeztek férjek és feleségek között.

Például, tegyük fel, hogy egy feleség hívő, de a férj nem, és a férj megcsalja őt. Amikor rajtakapják, ilyen kifogást mond: „Azért van, mert te állandóan a templomba jársz." Ha a feleség hisz a férjének, aki a templomot vádolja a problémáikkal, elmarad a templomból, Istentől. Ez a „Sátán a hálószobában" problémája.

Az embereknek azért kell ezzel a csapással szembe nézniük, mert sok gonoszság van bennük. Látszólag jó életet élnek, hitben, de amint tesztekkel kerülnek szembe, a szívük megremeg. A hitük, és a mennyországba vetett reménységük eltűnik. Az örömük és békességük szintén eltűnik, és félnek szembenézni a helyzetük realitásával.

Azonban, ha valóban reménykednek a mennyországban, és szeretik Istent, és ha a hitük igaz, nem fognak a nehézségektől szenvedni, amint átmennek ezen a földön. Inkább legyőzik őket, és áldásokat kapnak.

A békák bementek a sütőkbe és a dagasztótálakba is. Az utóbbiak a mindennapi kenyerünkre vonatkoznak, míg a sütők a munkahelyünkre vagy a vállalkozásunkra. Összességében ez azt jelenti, hogy a Sátán a családokban, munkahelyeken, üzleti életben, még a mindennapi ételben is jelen van, így mindenki nehéz és stresszes helyzeteket fog megélni.

Ebben a helyzetben van olyan ember is, aki nem próbálja

meg a nehézségek leküzdését, ezt gondolva: „Ezek a dolgok azért történnek velem, mert hiszek Jézusban." Ezért visszamegy a világi életbe. Ezzel letér az üdvösség és örök élet útjáról.

Azonban, ha az ilyen emberek elismerik, hogy a bajok a hitetlenségük és gonoszságuk miatt jöttek rájuk, és megbánják bűneiket, a Sátán zavaró munkái megszűnnek, és Isten segíteni fogja őket a nehézségeik leküzdésében.

Ha valóban van hitünk, a csapások vagy próbák nem fognak gondot jelenteni számunkra. Ha lesz is próbatételünk, örülünk majd, hálásak leszünk, imádkozunk, és az összes gondunk megszűnik.

És hívatá a Faraó Mózest és Áront és monda: Könyörögjetek az Úrnak, hogy távolítsa el rólam és az én népemről a békákat, és én elbocsátom a népet, hogy áldozzék az Úrnak (Exodus 8,8).

A fáraó megkérte Mózest és Áront, hogy távolítsák el a békákat, amelyek az egész országot ellepték. Mózes imája következtében a békák kihaltak a házakból, udvarokból, és a mezőkről.

Az emberek halomba rakták őket, és a föld beszennyeződött. Végre megszabadultak. Azonban, amint a fáraó látta ezt, meggondolta magát. Megígérte, hogy Izrael népét elengedi, ha a békák eltűnnek, de meggondolta magát.

S a mint látá a Faraó, hogy baja könnyebbűl,

megkeményíté az ő szívét, és nem hallgata reájok, a mint megmondotta vala az Úr (Exodus 8,15).

„Megkeményíté az ő szívét" azt jelenti, hogy a fáraó makacs volt. Még akkor sem hallgatott Mózesre, miután megtapasztalta Isten munkáit. Ennek eredményeképpen egy újabb csapás következett be.

A szúnyogok csapása

Isten ezt mondta Mózesnek az Exodus 8,16-ban: *„Mondd Áronnak: Nyujtsd ki a te vessződet és sujtsd meg a föld porát, hogy tetvekké legyen egész Égyiptom földén."* Amikor Mózes és Áron megtette, amit tőlük kértek, a föld pora szúnyogokká változott Egyiptom egész területén.

A mágusok a titkos tudásukkal próbáltak szúnyogokat varázsolni, de nem tudtak. Végül bevallották a királynak, hogy semmilyen emberi hatalommal nem lehetséges ez.

Az Isten ujja ez (Exodus 8,19).

Egészen mostanig a mágusok képesek voltak hasonló dolgokat véghezvinni, mint a botból kígyót varázsolni, a vizet vérré alakítani, és békákat teremteni. Innentől kezdve azonban nem voltak többé képesek erre.

Végül nekik is el kellett ismerniük Isten hatalmát, mely

Mózes által nyilvánult meg. De a fáraó még most is a kemény szívére hallgatott, és nem Mózesre.

A szúnyogok csapásának spirituális jelentése

A héberben a „Kinim" szó „tetűt, bolhát, vagy szúnyogot" jelent. Ezek általában kis rovarok, melyek piszkos helyeken élnek. Bebújnak az ember bőre alá, és kiszívják a vért. Megtaláljuk őket a hajunkban, ruhánkban, vagy az állatok szőrében. Több mint 3.300 különböző féle szúnyog létezik.

Az emberek bőre viszket, amikor ezek a rovarok a vérüket szívják. Másodlagos fertőzést is okozhatnak, mint a visszatérő láz, vagy a tífusz.

A tiszta városokban manapság nem találunk szúnyogokat, de régen a higiénia hiánya miatt sok ilyen vérszívó rovar létezett.

Mi a szúnyogok csapása tulajdonképpen?

A föld pora szúnyogokká változott. A por olyan kis méretű, hogy a leheletünk is elfújja. A mérete 3-4µm (mikrométer) és 0,5 mm között mozog.

Ahogy egy olyan jelentéktelen dolog, mint a por élő szúnyoggá változik, és szenvedést és nehézséget okoz, a szúnyogok csapása azt jelképezi, hogy az apró dolgok, melyek a felszín alatt voltak, olyanok, mint a semmi, azonban hirtelen fellázadnak, és nagy problémákat és fájdalmat okoznak nekünk.

A viszketés általában kisebb fájdalommal jár, mint egyes betegségek, de nagyon irritáló tud lenni. Ahogy a szúnyogok piszkos helyeken laknak, a szúnyogok csapása is olyan helyen jelenik meg, ahol gonoszság van.

Például, egy kis vita a testvérek vagy a férj és feleség között nagy verekedéssé fajul. Amikor a múlt egy apró eseményéről beszélnek, ez is nagy csatában végződhet. Ez is a szúnyogok csapása.

Amikor a gonoszság olyan formái, mint az irigység vagy féltékenység a szívben, gyűlöletté alakul, amikor valaki nem tudja visszafogni magát, és dühös lesz valaki másra, amikor valakinek a kis hazugságaiból nagyok lesznek, mert megpróbálja elrejteni azokat, ez mind a szúnyogok csapása.

Ha a szívben a gonoszság van elrejtve, akkor az ember szenvedni fog. Lehet, hogy azt érzi, hogy a keresztény élet nehéz. Egy kisebb betegség érheti. Ezek a dolgok is a szúnyogok csapását jelentik. Ha hirtelen belázasodunk, vagy megfázunk, vagy kisebb vitáink vagy problémáink vannak, gyorsan meg kell vizsgálnunk magunkat, és bűnbánatot kell tartanunk.

Mit jelent az, hogy a szúnyogok az állatokon voltak? Az állatok élőlények, és régen az állatok száma és a földterület nagysága alapján mérték fel, hogy mennyire gazdag egy ember. A király, a miniszterek és az emberek mind szőlőtermesztéssel foglalkoztak, valamint állattenyésztéssel is.

Manapság milyen tulajdontárgyaink vannak? Nemcsak a

házak, a földterület, a vállalkozások vagy a munkahelyünk, hanem a családtagjaink is a „vagyontárgyaink" közé tartoznak. És – mivel az állatok élőlények – az együtt élő családtagokat jelképezik.

„Szúnyogok az embereken és állatokon" azt jelenti, hogy ahogy a kis problémákból nagyok születnek, nem csak mi, de a családtagjaink is szenvednek.

Ilyen példák: ha a gyerekek a szüleik rossz cselekedetei miatt szenvednek, vagy a férj a feleség hibái miatt szenved.

Koreában nagyon sok kisgyerek szenved az atípusos dermatitisztől. Először egy kis viszketéssel kezdődik, de hamar az egész testre elterjed, és sebeket okoz, melyek gennyeznek.

Súlyos esetben a gyerek teljes teste, a fejétől a lábáig sebes, és gennyezik. Mivel a bőr felszakad, vérzik.

A szülők, amikor látják a gyereküket ebben a helyzetben, megtört szívvel tudomásul veszik, hogy semmit nem tehetnek érte.

Amikor a szülők dühösek lesznek, a kisgyerekeik néha hirtelen belázasodnak. Sok esetben a kisgyerekek betegségeit a szülők rossz cselekedetei váltják ki.

Ebben a helyzetben, ha a szülők megvizsgálják az életüket, és megbánják azt, hogy a feladatukat nem végezték el teljesen, nem voltak békében másokkal, és mindent, ami nem volt helyes Isten szemében, a gyerekek hamarosan meggyógyulnak.

Láthatjuk, hogy mindez Isten szeretetéből történhet meg. A

szúnyogok csapása akkor következik be, ha gonoszok vagyunk. Még a legkisebb dolgokat sem tekinthetjük véletlennek, hanem fel kell fedeznünk a gonoszságot magukban, hamar meg kell térnünk, és elfordulnunk a gonoszágtól.

Negyedik fejezet

A legyek, a pestis és a kelések csapása

Exodus 8,21-9,11

„És aképen cselekedék az Úr; jövének ugyanis ártalmas bogarak a Faraó házára és az ő szolgái házára, és egész Égyiptom földén pusztává lőn a föld az ártalmas bogarak miatt" (8,24).

„Ímé az Úr keze lészen a te mezei barmaidon, lovakon, szamarakon, tevéken, ökrökön és juhokon; igen nagy döghalál. De különbséget tesz az Úr az Izráel barmai között és Égyiptom barmai között, és mindabból, a mi Izráel fiaié, egy sem vész el. Időt is hagya az Úr, mondván: Holnap cselekszi az Úr ezt a dolgot a földön. Meg is cselekedé az Úr ezt a dolgot másodnapon, és elhulla Égyiptomnak minden barma, de az Izráel fiainak barma közül egy sem hullott el" (9,3; 6).

„Vevének azért kemenczehamut és a Faraó elé állának, és Mózes az ég felé szórá azt; és lőn az emberen és barmon hólyagosan fakadó fekély. És az írástudók nem állhatnak vala Mózes előtt a fekély miatt; mert fekély vala az írástudókon s mind az Égyiptombelieken" (9,10-11).

Az egyiptomi mágusok elismerték Isten hatalmát, miután látták a szúnyogok által okozott csapást. Azonban a fáraó szíve kemény maradt, és nem hallgatott Mózesre. Isten hatalma, mely eddig megnyilvánult, elég lett volna ahhoz, hogy higgyen benne. De ő csak a saját erejére és tekintélyére hagyatkozott, saját magát pedig Istennek tekintette. Istentől pedig nem félt.

A csapások folytatódtak, de nem tartott bűnbánatot, hanem még jobban megkeményítette a szívét. Ily módon a csapások is nagyobbakká váltak. Addig, amíg a szúnyogok csapása megtörtént, azonnal helyre tudtak rázódni, feltéve, hogy megtértek. Azonban itt már nagyon nehézzé válik a számukra a gyógyulás.

A legyek csapása

Mózes a fáraó elé ment korán reggel, ahogy Isten kérte. Még egyszer átadta Isten üzenetét, hogy engedje el Izrael népét.

Az Úr pedig monda Mózesnek: Kelj fel reggel és állj a Faraó eleibe; ímé kimegy a vizek felé, és mondd néki: Ezt mondja az Úr: Bocsásd el az én népemet, hogy szolgáljanak nékem (Exodus 8,20).

Azonban a fáraó nem hallgatott Mózesre. Ezért a legyek csapása utolérte őket, nem csak a királyi palotában és a miniszterek házaiban, hanem Egyiptom teljes földjén. Az ország tele volt legyekkel.

A legyek károsak. Olyan betegségeket terjesztenek, mint a tífusz, kolera, tuberkulózis és a lepra. A közönséges házi légy bárhol képes szaporodni, még az ürüléken és a szeméten is. Bármit megeszik, ételt vagy szemetet. Az emésztése nagyon gyors, és minden ötödik percben ürít.

Különböző kórokozók élhetnek az emberek szerszámain és ételén, amelyek aztán behatolnak az emberi testbe. A szájuk és a lábuk olyan folyadékkal borított, amely kórokozókat tartalmaz. Innen a ragályos betegségek nagy része.

Manapság van néhány megelőző lépés és kezelés, így a legyek nem terjesztenek már túl sok betegséget. De régen, ha valamilyen ragályos betegség kitört, sok ember elveszítette az életét. A fertőző betegségek veszélyén kívül is, ha a legyek összejárják az ételünket, nem tanácsos megenni azt.

Nem egy vagy két, hanem számtalan légy borította be Egyiptom földjét. Mennyire fájdalmas lehetett ez a népnek! Nagyon félhettek, amikor látták, hogy mi történik.

Egyiptom teljes földjét ellepték a szörnyű legyek. Ez azt jelenti, hogy nem csak a fáraó, de az összes egyiptomi ember rebelliója kiterjedt Egyiptom minden részére.

Hogy különbséget tegyünk az egyiptomiak és az izraeliták között, meg kell jegyeznünk, hogy az izraeliták által lakott Goshen területére nem küldtek legyeket.

Menjetek, áldozzatok a ti Istenteknek ezen a földön (Exodus 8,25).

Mielőtt Isten az első csapást mérte, megparancsolta, hogy áldozzanak Neki a vadonban, de a fáraó azt mondta, hogy Egyiptomon belül tegyék ezt. Mózes elutasította ezt a javaslatot, és elárulta az okot is.

Mózes pedig monda: Nincs rendén, hogy úgy cselekedjünk, hogy mi azt áldozzuk az Úrnak a mi Istenünknek, a mi utálatos az Égyiptombeliek előtt: ímé, ha azt áldozzuk az ő szemeik előtt, a mi az Égyiptombelieknek utálatos, nem köveznek-é meg minket? (Exodus 8,26).

Mózes továbbra is azt mondta, hogy a vadonba mennek három napra, és Isten parancsát követik. A fáraó azt válaszolta, hogy ne menjenek túl messzire, és érte is imádkozzanak.

Mózes azt mondta a fáraónak, hogy a legyek már másnapra eltűnnek, és megkérte, hogy tartsa be a szavát, és engedje el Izrael népét.

Miután Mózes imája következtében a legyek elszálltak, a fáraó meggondolta magát, és nem küldte el Izrael népét. Láthatjuk, milyen ravasz és csaló volt. Ezért kellett állandóan nehézségekbe ütköznie.

A legyek csapásának spirituális jelentése

Ahogy a legyek a piszkos helyekről előjönnek, és fertőző betegségeket terjesztenek, ha egy ember szíve piszkos és gonosz, gonosz szavakat fog ejteni, és számos betegséget és problémát von magára. Ez a legyek csapása.

Ez a fajta csapás, amikor megjelenik, nem csak a személyre tör rá, hanem a feleségre vagy férjre is a munkahelyen.

Máté evangéliumának 15,18-19 része ezt tartalmazza: *„A mik pedig a szájból jőnek ki, a szívből származnak, és azok fertőztetik meg az embert. Mert a szívből származnak a gonosz gondolatok, gyilkosságok, házasságtörések, paráznaságok, lopások, hamis tanubizonyságok, káromlások."*

Bármi van az ember szívében, a száján keresztül távozik. A jó szívből jó szavak származnak, de a rossz szívből szennyes szavak távoznak. Ha igaztalanok és ravaszok vagyunk, és gyűlölet és fondorlat van bennünk, ezek a szavak és cselekedetek ki fognak jönni belőlünk.

A rágalmazás, ítélkezés, elítélés, átkozódás, mind a gonosz és tisztátalan szívtől származik. Ezért mondja ezt Máté evangéliumának 15,11 verse: *„Nem az fertőzteti meg az embert, a mi a szájon bemegy, hanem a mi kijön a szájból, az fertőzteti meg az embert."*

Még a hitetlenek is mondnak ilyeneket: „A szavak olyanok, mint a magok," vagy „Ha a víz kiömlött, nem lehet visszarakni." Nem tudod visszaszívni azt, amit kimondtál. Főleg egy keresztény életében, a száj vallomása nagyon fontos. Annak megfelelően, hogy milyen szavakat ejtesz ki, negatívakat vagy pozitívokat, különböző eredmények születhetnek.

Ha közönséges megfázástól vagy fertőző betegségtől szenvedünk, ez a szúnyogok csapásának felel meg. Ha azonnal bűnbánatot tartunk, meggyógyulhatunk. De a legyek csapása után akkor sem tudunk azonnal meggyógyulni, ha rögtön bűnbánatot tartunk. Mivel nagyobb gonoszság okozza, mint a szúnyogok csapását, szembe kell néznünk a megtorlással.

Ha a legyek csapásával kell szembenéznünk, vissza kell tekintenünk, és alaposan meg kell bánnunk a gonosz szavainkat és a hasonló dolgainkat. Csak ez után fog a problémánk megoldódni.

A Bibliában olyan embereket látunk, akik megkapták a megtorlást a gonosz szavukért. Mikál esetében is ez történt, aki Saul király lánya és Dávid király felesége volt. 2 Sámuel 6. versében, amikor az Úr bárkája visszatért Dávid városába, Dávid boldog volt, és mindenki előtt táncra perdült.

Az Úr bárkája Isten jelenlétének a szimbóluma volt. A filiszteusok elvették a bírák ideje alatt, de utána visszavették. Nem maradhatott a sátorban, és ideiglenesen Kirjáth-Jeárimba maradt, körülbelül hetven évig. Miután Dávid átvette a trónt, elvitte a bárkát a jeruzsálemi sátorba. Nagyon örült neki.

Nem csak Dávid, hanem Izrael összes népe együtt örült, és az Istent dicsérte. Azonban Mikál, aki együtt kellett volna hogy örüljön a férjével, lenézte a királyt, és teljesen megvetette őt.

> *Mikor pedig Dávid hazament, hogy megáldja az ő háznépét [is:] kijöve Mikál, a Saul leánya Dávid eleibe, és monda: Mily dicsőséges vala ma Izráel királya, ki az ő szolgáinak szolgálói előtt felfosztózott vala ma, mint a hogy egy esztelen szokott felfosztózni* (2 Samuel 6,20).

Mit mondott Dávid?

> *És monda Dávid Mikálnak: Az Úr előtt, ki inkább engem választott, mint atyádat és az ő egész házanépét, hogy az Úr népének, Izráelnek fejedelme legyek, igen, az Úr előtt örvendezém. Sőt minél inkább megalázom magamat és minél alábbvaló leszek a magam szemei előtt: annál dicséretreméltóbb leszek a szolgálók előtt, a kikről te szólasz* (2 Sámuel 6,21-22).

Mivel Mikál ilyen gonosz szavakat ejtett, egészen a halála napjáig nem szülhetett gyereket.

Az emberek nagyon sok bűnt elkövetnek a szájukkal, és nem jönnek rá, hogy ezek a szavak bűnt jelentenek. A száj igazságtalansága miatt megtorlások érik őket a munkahelyükön, az üzleti életben, a családjukban, de azt sem tudják, miért. Isten a szavak jelentőségéről is mesél nekünk.

Az ő szájának gyümölcséből elégedik meg a férfi jóval; és az ő cselekedetének fizetését veszi az ember önmagának. A bolondnak úta helyes az ő szeme előtt, de a ki tanácscsal él, bölcs az (Példabeszédek 12,13-14).

A férfi az ő szájának gyümölcséből él jóval; a hitetlenek lelke pedig bosszúságtétellel. A ki megőrzi az ő száját, megtartja önmagát; a ki felnyitja száját, romlása az annak (Példabeszédek 13,2-3).

Mind a halál, mind az élet a nyelv hatalmában [van], és a [miképen] kiki szeret azzal élni, [úgy]eszi annak gyümölcsét (Példabeszédek 18,21).

Rá kell jönnünk, hogy a gonosz szavaink milyen következményekkel járnak, hogy csak pozitív szavakat ejtsünk, jó és szép szavakat, igaz és fényes szavakat, melyek a hitünk vallomásai.

A pestis csapása

Még a legyek csapásának elszenvedése után is, a fáraó továbbra is kemény szívvel élt, és nem engedte meg, hogy az izraeliták elmenjenek. Ezért Isten megengedte a pestis csapását.

Ekkor Isten megint elküldte Mózest, hogy az Akaratát

tolmácsolja, mielőtt a csapás megtörtént volna.

Mert ha nem akarod elbocsátani és tovább is tartóztatod őket: Ímé az Úr keze lészen a te mezei barmaidon, lovakon, szamarakon, tevéken, ökrökön és juhokon; igen nagy döghalál. De különbséget tesz az Úr az Izráel barmai között és Égyiptom barmai között, és mindabból, a mi Izráel fiaié, egy sem vész el (Exodus 9,2-4).

Hogy rájöjjenek: nem véletlen, hanem Isten hatalmából egy csapás érte őket, leszögezett egy időpontot, mondva: Holnap az Úr ezt a dolgot fogja tenni." Ily módon esélyt adott nekik, hogy megbánják a bűneiket.

Ha kicsit is elismerte volna Isten hatalmát, a fáraó meggondolta volna magát, és nem szenvedett volna el több csapást.

De nem gondolta meg magát. Ezért pestis tört rájuk, és a jószág, amely a földön volt – lovak, majmok, tevék, tehenek – mind meghaltak.

Ezzel ellentétben az izraeliták egyetlen állata sem halt meg. Isten rávezette őket arra, hogy Ő létezik, és betartja a Szavát. A fáraó nagyon jól tudta ezt, de megkeményítette a szívét, és nem változtatta meg a gondolatait.

A pestis csapásának spirituális jelentése

A pestis bármely betegségre vonatkozik, amely hamar elterjed, és számos embert és állatot megöl. Az összes szarvasmarha megdöglött Egyiptomban, ami el tudjuk képzelni, mekkora kár lehetett. Például a feketehalál, vagy bubópestis, amely a tizennegyedik században dúlt Európában, igazából az állatok járványa volt: a mókusok és patkányok betegsége. Azonban a legyek az emberre is átvitték, nagyon sok halált okozva ezzel. Mivel nagyon fertőző és ragályos volt, és mivel az orvostudomány nem volt fejlett, rengeteg ember életébe került ennek megjelenése.

Az állatállomány, mint a szarvasmarhák meg a lovak, valamint a juhok meg a kecskék nyájai mind az emberek vagyonának nagy részét képezték. Ily módon az állatállomány a fáraó, a miniszterek, valamint az emberek vagyonát jelképezi. Mai értelemben ezek az állatok a családtagjainkat, kollégáinkat és barátainkat jelképezik, akik az otthonunkban, munkahelyünkön, üzletünkben velünk élnek.

Egyiptom állatállományának pestisét a fáraó gonoszsága okozta. A pestis csapásának spirituális jelentése az, hogy a betegségek elérik a családtagjainkat, ha felhalmozzuk a gonoszságot, és Isten elfordítja az arcát.

Például, amikor a szülők nem engedelmeskednek Istennek, a szeretett gyerekeik lehet, hogy olyan betegséget kapnak, amelyet nehéz kigyógyítani. Vagy: a férj gonoszsága miatt a feleség megbetegszik. Amikor ez a csapás elér minket, meg kell vizsgálnunk magunkat, és a családtagok mind együtt kell hogy bűnbánatot tartsanak.

Az Exodus 20,4-től kezdve azt találjuk, hogy a bálványimádás megtorlása három-négy generáción át tart.

A szeretet Istene nem minden esetben büntet meg bennünket. Ha a gyerekek jó szívűek, elfogadják Istent, és hitben élnek, semmilyen csapás nem éri őket a szüleik bűnei miatt.

Azonban, ha a gyerekek tovább tetézik a szüleik bűneit, szembe kell hogy nézzenek a következményekkel. Sok esetben azok a gyerekek, akik bálványimádó családokba születnek, örökölt betegséggel, vagy mentális rendellenességgel születnek meg.

Néhány ember szerencsekabalát rak a háza falára. Mások Buddha bálványait imádják. Megint mások buddhista templomokban kihelyezik a nevüket. Ebben a komoly bálványimádásban, még ha ők maguk nem is szenvednek ettől a csapástól, a gyerekeiknek gondjaik lesznek.

Ezért a szülőknek mindig az igazsághoz kell ragaszkodniuk, hogy a bűneik ne szálljanak a gyerekeikre. Ha valamelyik családtag egy nehezen gyógyítható betegséget kap, meg kell vizsgálniuk, nem a bűneik miatt kapta-e azt.

A kelések csapása

A fáraó végignézte Egyiptom állatállományának halálát, és elküldött valakit, hogy nézze meg, mi történik Goshen földjén, ahol az izraeliták laktak. Egyiptom többi régiójával ellentétben egyetlen állat sem döglött meg Goshenben.

Még akkor sem tért meg a fáraó, amikor Isten tagadhatatlan munkáit megtapasztalta.

> *El is külde a Faraó, és ímé egy sem hullt vala el az Izráeliták barma közül: de a Faraó szíve kemény maradt, és nem bocsátá el a népet* (Exodus 9,7).

Végül Isten azt mondta Mózesnek és Áronnak, hogy vegyenek magukhoz több marék kormot egy kemencéből, és adják oda Mózesnek, hogy szórja a hamut az ég felé, a fáraó szeme láttára. Amint megtették, amire Isten kérte őket, kelések jelentek meg az embereken és az állatokon.

A kelés egy olyan helyi bőrduzzanat és gyulladás, mely a szőrtüsző és a közeli szövetek begyulladásából keletkezik, és kemény központi magja van, és gennyezik.

Komoly esetben akár műtéti eltávolításra is szükség lehet. A kelések akár 10 cm átmérőjűek is lehetnek. Megkelnek, és magas lázat és fáradtságot okoznak, és van, aki még járni sem tud miattuk. Nagyon fájdalmasak.

A kelések az embereken és az állatokon jelentek meg, és még a mágusok sem tudtak Mózes elé állni a betegségük miatt.

A pestis esetében csak az állatok haltak meg. Azonban a kelések esetében nem csak az állatok, hanem az emberek is szenvedtek.

A kelések csapásának spirituális jelentése

A pestis egy belső betegség, de a kelés kívülről látszik, amikor bent rosszabbá válik a helyzet.

Például egy kis ráksejt megnő, és végül kívülről is látszik. Ugyanez a helyzet az agyi szélütéssel, sorvadással, tüdőbetegségekkel, és az AIDS-szel is.

Ezek a szörnyűségek általában azokban az emberekben jelennek meg, akiknek a jelleme nagyon makacs. Minden eset más lehet, de sokan közülük dühösek, arrogánsak, nem bocsájtanak meg másoknak, és azt hiszik, hogy ők a legjobbak. A saját véleményük mellett kitartanak, és másokét figyelmen kívül hagyják. Ez mind a szeretet hiánya miatt van. A csapások oka ez.

Lehet, hogy néha így tűnődünk: „Nagyon gyengédnek és jónak tűnik, de miért szenved ilyen betegségtől?" Bár valaki gyengédnek tűnik kívülről, lehet, hogy Isten szemében nem az.

Ha nem makacs, akkor valószínűleg az elődei által elkövetett bűnök miatt történik mindez vele (Exodus 20,5).

Amikor a csapás egy családtag miatt jön, akkor fog megoldódni, amikor a család tagjai együtt tartanak bűnbánatot. Ezáltal, ha békés és szép családdá válnak, áldássá válik a baj a számukra.

Isten ellenőrzi az életet, halált, szerencsét és szerencsétlenséget az Ő igazságosságával (5 Mózes 28).

Ha a gyerekek a szülők vagy az elődök bűnei miatt szenvednek, az alapvető ok mégis a gyerekekben van. Ha a szülők bálványokat imádnak, de a gyerekek Isten szava szerint élnek, Isten megvédi őket, így a csapások elkerülik őket.

Az ősök vagy szülők bálványimádásának megtorlása a gyerekeken történik meg, de azért, mert nem élnek Isten szava szerint. Ha az igazságban élnek, az igazság Istene megvédi őket, és nem lesznek gondjaik.

Mivel Isten szeretet, egyetlen lelket is értékesebbnek tart, mint az egész világ. Azt szeretné, hogy mindenki üdvözüljön, az igazságban éljen, és nyerjen az életében.

Isten nem azért küld ránk csapásokat, hogy tönkretegyen, hanem hogy rávezessen a bűnhődésre, és arra, hogy hátat fordítsunk a bűneinknek, az Ő szeretetének megfelelően.

A vér, békák és szúnyogok csapásai a Sátán munkája, és viszonylag gyengék. Ha megbánjuk a bűneinket és megtérünk, könnyen megoldódhatnak.

De a legyek, pestis és kelések komolyabbak, és közvetlenül érintik a testünket. Ezekben az esetekben ki kell tépnünk a szívünket, és alaposan meg kell bánnunk a bűneinket.

Ha ezektől a csapásoktól szenvedünk, bármelyiktől, senkit sem szabad hogy megvádoljunk. Elég bölcsnek kell bizonyulnunk ahhoz, hogy elgondolkodjunk magunkon Isten szava szemszögéből, és meg kell bánnunk azt a tettünket, amely nem volt helyes Isten előtt.

Ötödik fejezet

A jégeső és a sáskák csapása

Exodus 9,23-10,20

Kinyujtá azért Mózes az ő vesszejét az égre, az Úr pedig mennydörgést támaszta és jégesőt, és tűz szálla le a földre, és jégesőt bocsáta az Úr Égyiptom földére. És lőn jégeső, és a tűz egymást éré az igen nagy jégeső közt, a melyhez hasonló nem volt az egész Égyiptom földén, mióta nép lakja (9,23-24).

Kinyujtá azért Mózes az ő vesszejét Égyiptom földére, és az Úr egész nap és egész éjjel keleti szelet támaszta a földre. Mire reggel lőn, a keleti szél felhozá a sáskát. És feljöve a sáska egész Égyiptom földére s nagy sokasággal szálla le Égyiptom egész határára. Annak előtte sem volt olyan sáska s ezután sem lesz olyan (10,13-14).

Azok a szülők, akik igazán szeretik a gyerekeiket, meg fogják fegyelmezni és legyinteni őket néha. A szülők vágya az, hogy a gyerekeket a jó irányba tereljék.

Ha a gyerekek nem hallgatják meg a szülők szidalmát, a szülőknek néha a vesszőt is elő kell venni, hogy a gyerekek jól megjegyezzék azt. A szülő szívfájdalma nagyobb lesz, mint a gyerek fizikai fájdalma.

A szeretet Istene néha elfordítja az arcát, hogy megengedjen egy csapást vagy problémákat, hogy a szeretett gyermekei megtérhessenek, és elfordulhassanak a bűntől.

A jégeső csapása

Isten a legelején küldhetett volna egy hatalmas csapást, hogy a fáraót megadásra kényszerítse. Azonban Ő türelmes, és hosszú időn át tűr. Megmutatta a hatalmát, és rávezette a fáraót és az ő népét, hogy elismerjék Istent, egy kis csapással kezdve.

Mert ha most kinyujtanám kezemet és megvernélek téged és a te népedet döghalállal, akkor kivágattatnál a földről. Ámde azért tartottalak fenn téged, hogy megmutassam néked az én hatalmamat, és hogy hirdessék az én nevemet az egész földön. Ha tovább is feltartóztatod az én népemet és nem bocsátod el őket: Ímé holnap ilyenkor igen nagy jégesőt bocsátok, a melyhez hasonló nem volt Égyiptomban az napságtól fogva hogy fundáltatott, mind ez ideig (Exodus 9,15-18).

A csapások egyre nagyobbak lettek, de a fáraó még mindig az izraeliták ellen volt, hiszen nem engedte őket elmenni. Isten megengedte most a hetedik csapást, a jégeső csapását. Mózes által Isten a fáraó tudtára adta, hogy olyan erős jégeső lesz Egyiptomban, amilyen nem volt a megalapítása óta. Isten lehetőséget adott arra, hogy az emberek és az állatok elbújhassanak. Előre figyelmeztette őket, hogy ha kint maradnak, meghalnak a jégeső miatt.

A fáraó néhány szolgája félt az Úr szavától, és a szolgáikkal és állataikkal elmenekültek, és a házakban elbújtak. Azonban sokan mások nem féltek az Isten szavától, és nem törődtek semmivel.

A ki pedig nem törődék az Úr beszédével, szolgáit és barmát a mezőn hagyá (Exodus 9,21).

A következő napon Mózes kinyújtotta a botját az égre, mire Isten dörgést és jégesőt küldött. Tűz jött le a földre. Bizonyára megsemmisítette volna az embereket, állatokat, fákat és növényeket a mezőn. Milyen nagy volt a csapás!

Exodus 9,31-32 ezt mondja: *„A len pedig és az árpa elvereték, mert az árpa kalászos, a len pedig bimbós vala. De a búza és a tönköly nem vereték el, mert azok késeiek."* Tehát a kár nem volt teljes.

Egyiptom földje nagy kart szenvedett a tüzes jégeső miatt, de semmi ehhez fogható nem történt Goshen földjén.

A jégeső csapásának spirituális jelentése

Általában a jégeső mindenféle előrejelzés nélkül kezdődik. Általában helyileg, kis területeken esik. A jégeső csapása azt jelképezi, hogy nagyszerű dolgok történnek részben, de nem minden szempontból. A tüzes jégeső el akarta pusztítani az embereket és az állatokat. A mezők növényei tönkrementek, és nem volt étel. Ez annak az esete, amikor valakinek a vagyona nagy kárt szenved valamilyen váratlan baleset miatt.

Nagy kárt okozhat a munkahelyen vagy a saját vállalkozásban bekövetkezett tűz. Ha a családtagok véletlenül balesetet szenvednek, vagy betegek lesznek, egy vagyonba kerülhet, hogy megoldódjon a gond.

Például vegyünk egy személyt, aki hűséges volt az Úrhoz, de olyan mértékben kezdett a saját üzletével foglalkozni, hogy a vasárnapi miséket kihagyta, először alkalmanként, majd teljesen.

Emiatt Isten nem tudja megvédeni őt, és nagy gondja lesz a vállalkozásában. Egy váratlan balesete vagy betegsége is lehet, mely egy vagyonba kerül. Ez az eset olyan, mint a jégeső csapása.

A legtöbb ember a vagyonát olyan értékesnek gondolja, mint saját életét. Az 1 Timóteus 6,10 azt mondja, hogy a pénz szeretete a gonoszság gyökere. A pénz utáni vágy gyilkosságban, rablásban, emberrablásban, erőszakban és más bűnben a motiváló erő. Néha testvérek között szakad meg a kapcsolat, és szomszédok vesznek össze a pénz miatt. Az országok közötti konfliktusok alapvető oka szintén az anyagi előny, mivel földet és forrásokat keresnek. Néhány hívő sem tudja legyőzni a pénz kísértését, ezért nem tartja meg az Úr napját szentnek, és nem ajánl fel megfelelő áldozatokat. Mivel nem élnek megfelelő keresztény életet, eltávolodnak az üdvösség útjától.

Ahogy a jégeső tönkre teszi az eleség nagy részét, a jégeső csapása nagy kárt jelent az emberek vagyonára, melyet olyan értékesnek tartanak, mint a saját életüket. Azonban, ahogy a jégeső csak kisebb területen esik, ők sem veszítik el a vagyonukat teljesen.

Isten szeretetét láthatjuk ebben a tényben. Ha teljesen elveszítjük a vagyonunkat, mindenünket, lehet, hogy feladjuk, és öngyilkosságot követünk el. Ezért Isten először csak egy kis részt vesz el.

Bár ez csak egy rész, elég ahhoz, hogy magunkba szálljunk valahogy. A jégeső, amely Egyiptomra esett, nem csak kis darab jegekből állt. Elég nagy darabok estek, és a sebességük is nagy volt.

A hírekben ma is hallhatjuk, hogy a golflabda nagyságú jegekből álló jégeső riadalmat és meglepetést okozhat. Az Egyiptomra esett jégeső Isten különleges munkájából történt, mert tűzzel járt. Nagyon félelmetes eset volt.

A jégeső csapása azért érte utol őket, mert a fáraó gonoszságot gonoszságra halmozott.

A sáskák csapása

A fák és a növények kart szenvedtek, és az állatok, sőt még pár ember is, meghaltak a jégeső miatt. A fáraó végül elismerte a hibáját.

A Faraó pedig elkülde és hívatá Mózest és Áront, és monda nékik: Vétkeztem ezúttal; az Úr az igaz; én pedig és az én népem gonoszok vagyunk (Exodus 9,27).

A fáraó gyorsan megbánást mutatott, és megkérte Mózest, hogy állítsa meg a jégesőt.

Imádkozzatok az Úrhoz, hogy legyen elég a menydörgés és jégeső, és akkor elbocsátlak titeket és nem maradtok tovább (Exodus 9,28).

Mózes tudta, hogy a fáraó még nem változott meg, de azért, hogy megértse: az élő Isten kezében van minden, felemelte a kezét az ég felé.

Ahogy Mózes sejtette, az eső, dörgés és jégeső után a fáraó megint megváltoztatta a gondolatait. Mivel nem a szíve mélyéről változott meg, újra megkeményítette a szívét, és továbbra sem engedte el az izraelitákat.

A fáraó szolgái is megkeményítették a szívüket. Ekkor Mózes és Áron elárulták, hogy sáskacsapás várható, mivel Isten ezt ígérte, és figyelmeztették őket, hogy az egyik legnagyobb csapás lesz a földön.

És elborítja a földnek színét, úgy hogy nem lesz látható a föld, és megemészti a megmenekedett maradékot, a mi megmaradt néktek a jégeső után, és megemészt minden fát, mely néktek sarjadzik a mezőn (Exodus 10,5).

A fáraó szolgái megijedtek, és ezt mondták a királyuknak: *„Engedd, hogy elmenjenek az emberek, hogy az Urat, az ő Istenüket szolgálják. Nem veszed észre, hogy Egyiptom tönkrement?"* (Exodus 10,7).

A szolgái szavára a fáraó megint magához hívatta Mózest és Áront. De Mózes azt mondta, hogy a fiatalokkal és az idősekkel mennek, a lányaikkal és fiaikkal, a nyájaikkal és csordáikkal, mivel az Úrnak ünnepséget tartanak. A fáraó azt mondta, hogy Mózes és Áron gonosz, ezért elűzte őket.

Végül Isten megengedte a nyolcadik csapást, a sáskák csapását.

És monda az Úr Mózesnek: Nyújtsd ki a te kezedet Égyiptom földére a sáskáért, hogy jőjjön fel Égyiptom földére és emészsze meg a földnek minden fűvét;

mindazt a mit a jégeső meghagyott (Exodus 10,12).

Amikor Mózes megtette, amit Isten kért, az Úr keleti szelet küldött a földre, egész napra és egész éjjelre, és amikor reggel lett, a keleti szél meghozta a sáskákat. Annyi sáska volt, hogy az egész föld elsötétedett. Az összes növényt megették, amit a jégeső meghagyott, és nem maradt semmi zöld Egyiptomban.

Akkor a Faraó siete hívatni Mózest és Áront és monda: Vétkeztem az Úr ellen, a ti Istenetek ellen és ti ellenetek. Most annakokáért bocsásd meg csak ez egyszer az én vétkemet és imádkozzatok az Úrhoz a ti Istentekhez, hogy csak ezt a halált fordítsa el én tőlem (Exodus 10,16-17).

Amikor az aggodalma beigazolódott, a fáraó gyorsan magához hívatta Mózest és Áront, hogy megállítsák a sáskacsapást.

Ahogy Mózes Istenhez imádkozott, nyugati szél támadt, és a sáskákat a Vörös-tengerbe vitte. Egyiptom földjén egyetlen sáska sem maradt. De még ekkor sem engedte el a fáraó az izraelitákat, hanem továbbra is megkeményítette a szívét.

A sáskák csapásának spirituális jelentősége

Egyetlen sáska nagyon piciny, azonban amikor nagy

csapatokban rajzik, megsemmisítő lehet. Egy pillanat erejéig úgy tűnt, hogy Egyiptomot tönkre teszik a sáskák.

És feljöve a sáska egész Égyiptom földére s nagy sokasággal szálla le Égyiptom egész határára. Annak előtte sem volt olyan sáska s ezután sem lesz olyan. És elborítá az egész föld színét, és a föld elsötétedék, és megemészté a földnek minden fűvét és a fának minden gyümölcsét, a mit a jégeső meghagyott vala, és semmi zöld sem marada a fán, sem a mezőnek fűvén egész Égyiptom földén (Exodus 10,14-15).

Ezt a rajzást még ma is megtaláljuk Afrikában vagy Indiában. A sáskák 40 kilométer szélességben és 8 kilométer mélységben el tudnak terjedni. Több száz millió sáska, mint egy felhő, egyszerre el tudja lepni a termést és a növényeket és fákat, nem hagyva zöld vegetációt maguk után.

A jégeső csapása után még maradt valamennyi növényzet. A búza és a tönkölybúza nem ment tönkre, mivel későn érnek. A fáraó néhány szolgája, akik félték az Istent elmenekült a házaikba a szolgáikkal és az állataikkal, így ők megmenekültek.

A sáskák ugyan piciny állatok, de utánuk nagyobb kár marad, mint a jégeső után. Mindent felfaltak, ami a jégeső után maradt.

A sáskák csapása olyan katasztrófa, amely után semmi nem marad, hiszen az összes vagyont és értéktárgyat mind elpusztítja. Nem csak a családot, hanem a munkahelyeket és a vállalkozásokat is tönkreteszi.

A jégeső csapásával ellentétben, amely részben okoz károkat, a sáskák csapása mindent tönkretesz, és így az összes pénzt felemészti. Más szóval, pénzügyi katasztrófát jelent.

A csőd miatt valaki még a családjától is külön kell hogy menjen. Hosszan tartó betegség is közbejöhet, és ezért is elveszítheti az összes vagyonát. Vagy egy másik eset is bekövetkezhet, ahol valaki azért veszíti el a vagyonát, mert a gyerekei rossz útra térnek, és nagy adósságot halmoznak fel.

Amikor folyamatos szerencsétlenségek érik őket, néhány ember azt gondolja, hogy a véletlen műve ez, azonban Isten előtt nem létezik véletlen. Amikor valakit kár ér, vagy megbetegszik, annak oka van.

Mit jelent, ha a hívőket érik utol ezek a szerencsétlenségek? Amikor meghallják Isten szavát, és megismerik Isten akaratát, az Igét meg kell hogy tartsák. Azonban, ha továbbra is gonosz módon viselkednek, mint a hitetlenek, nem kerülhetik el ezeket a csapásokat.

Ha nem térnek észhez az Isten által felmutatott jelek láttán, az Úr el fogja fordítani az Arcát tőlük. Egy betegségük pestissé alakulhat, és sebeik gennyezni kezdenek. Később más csapásokat kell elszenvedniük, mint a jégeső és a sáskák csapása.

A bölcsebbek rájönnek, hogy Isten szeretete által megvilágosodnak és rájönnek a hibáikra, valahányszor kis szerencsétlenség éri őket. Gyorsan bűnbánatot tartanak, és ezzel megelőzik a nagyobb bajt.

Nézzünk egy történetet a mindennapi életből. Egy ember nagy bajba került, mert egyszer nagyon feldühítette Istent. Egy napon a tűz miatt nagy adósságba keveredett. A felesége nem bírta a hitelezők nyomását, és megkísérelte az öngyilkosságot. Idővel azonban megismerték Istent, és elkezdtek templomba járni. Miután eljöttek a tanácsadásomra, engedelmeskedtek Isten szavának, imádkozva. Isten kedvében jártak azzal, hogy önkéntes munkát végeztek a templomban. A problémáik egyenként megoldódtak, és már nem szenvedtek a hitelezőktől többé. Az adósságukat mind visszafizették. Még egy üzletet is építettek, és egy házat is vettek.

Miután a nehézségeik megoldódtak, és áldásokban részesültek, a szívük megváltozott. Elfelejtették Isten kegyelmét, és megint olyanok lettek, mint a hitetlenek.

Egy nap az üzletük épületének egy része összeomlott az áradás következtében. Ismét tűz tört ki, és pénzügyileg csődöt mondtak. Mivel megint nagy adósságba verték magukat, vissza kellett menniük vidékre, a szülővárosukba. A férj cukorbetegségtől, és annak szövődményeitől szenvedett.

Mint ebben az esetben is, ha semmink sem marad, miután mindent kipróbáltunk, amire a bölcsességünkből és tudásunkból kitelt, Isten elé kell állnunk alázatos szívvel. Ha megvizsgáljuk magunkat az Ige tükrében, és megbánjuk a bűneinket, megtérünk, az előzőleg említett csapások elkerülnek bennünket.

Ha van elég hitünk, hogy Isten elé álljunk, és az Ő kezébe rakjuk a dolgainkat, a szeretet Istene, amely nem töri ketté a gyenge nádat, meg fog bocsájtani nekünk, és megment bennünket. Ha megtérünk és a fényben élünk, Isten újra gazdagságot ad nekünk, és nagy áldásokat.

Hatodik fejezet

A sötétség és
az elsőszülött halálának csapása

Exodus 10,22-12,36

És kinyujtá Mózes az ő kezét az ég felé, és lőn sűrű setétség egész Égyiptom földén három napig. Nem látták egymást, és senki sem kelt fel az ő helyéből három napig; de Izráel minden fiának világosság vala az ő lakhelyében (10,22-23)

Lőn pedig éjfélkor, hogy megöle az Úr minden elsőszülöttet Égyiptomnak földén, a Faraónak elsőszülöttétől fogva, a ki az ő királyi székiben ül vala, a tömlöczbeli fogolynak elsőszülöttéig és a baromnak is minden első fajzását. És fölkele a Faraó azon az éjszakán és mind az ő szolgái és egész Égyiptom, és lőn nagy jajgatás Égyiptomban; mert egy ház sem vala, melyben halott ne lett volna (12,29-30).

A Bibliában azt látjuk, hogy amikor az embereknek nehézségük van, Isten előtt bűnbánatot tartanak, és Isten megsegíti őket.

Isten elküldte a szolgáját Ezékiás királyhoz Júdeába, és ezt mondta: „Nem fogsz élni, meg fogsz halni." De a király őszintén, könnyek között sírt, és az élete meghosszabbodott.

Ninive Asszíria fővárosa volt, és ez az ország ellenségeskedett Izraellel. Amikor az ottani emberek meghallották Isten szavát a prófétája által, alaposan megbánták a bűneiket, és így nem mentek tönkre.

Isten azoknak mutatja meg az Ő kegyelmét, kik megtérnek. Azokat keresi, akik az Ő kegyelmét keresik, és még több kegyelmet ad nekik.

A fáraó a gonoszsága miatt rengeteg csapást el kellett hogy szenvedjen, de egész végig kitartott, és nem tért meg. Minél jobban megkeményítette a szívét, annál nagyobbak lettek a csapások.

A sötétség csapása

Vannak, akik azt mondják, hogy ha vesztenek, nem élik túl. A saját erejükben hisznek. A fáraó is ez a fajta ember volt. Azt gondolta, hogy egy Isten, ezért nem akarta elismerni Istent.

Még az után, amikor látta, hogy Egyiptom teljes földje tönkre ment, még akkor sem küldte el az izraelitákat. Úgy viselkedett, mintha Istennel versenyzett volna. Ekkor Isten megengedte, hogy a sötétség csapása megtörténjen.

És kinyujtá Mózes az ő kezét az ég felé, és lőn sűrű setétség egész Égyiptom földén három napig. Nem látták egymást, és senki sem kelt fel az ő helyéből három napig; de Izráel minden fiának világosság vala az ő lakhelyében (Exodus 10,22-23).

A sötétség olyan sűrű volt, hogy nem láthatták egymást. Senki sem kelt fel onnan, ahol volt, egészen három napig. Hogyan lehetne kifejezni a kényelmetlenségük mértékét, amelyet három napig el kellett hogy viseljenek?

A sűrű sötétség Egyiptom teljes területét eltakarta, és az emberek vakon kellett hogy járjanak, de Goshen földjén Izrael fiai házában világosság volt végig.

A fáraó Mózest kiáltotta, és azt mondta, elengedi az izraelitákat. Azt mondta Mózesnek, hogy hagyja az állatokat, és csak a fiakat és lányokat vigye magával. A szándéka az volt, hogy visszatartsa az izraelitákat.

Mózes azt mondta, hogy szükség volt az állatokra, hogy Istennek fel tudják ajánlani őket, és egyet sem hagyhattak ott, mert nem tudhatták, melyiket fogják majd feláldozni.

A fáraó megint dühös lett, és megfenyegette Mózest, mondván: „Ne nézz velem szembe újra, mert amikor megint látsz engem, meg fogsz halni!"

Mózes vakmerőn ennyit mondott: „Igazad van, többé soha

nem látom az arcodat!" és kiment.

A sötétség csapásának spirituális jelentése

A sötétség csapásának spirituális jelentése a spirituális sötétség, és a halál előtti csapásra vonatkozik. Az az eset, amikor valakinek a betegsége olyan komollyá válik, hogy nem tud meggyógyulni. Azokra jön ez a csapás, akik akkor sem bánják meg bűneiket, miután a teljes vagyonuk elveszett, mely olyan fontos a számukra, mint az életük.

A halál kapujában állni olyan, mintha egy szikla szélén állnánk, teljes sötétségben, és nem lenne semmilyen kiút a számunkra. Spirituális értelemben – mivel a személy elhagyta Istent, és a hitét is – Isten kegyelmét megvonják tőle, és a spirituális élete befejeződik. Azonban Isten együtt érez még vele, és nem veszi el az életét.

Egy hitetlen ember esetében egy ember azért szembesülhet ezzel a problémával, mert még nem fogadta el Istent, még akkor sem, ha számtalan különböző szerencsétlenség érte. A hívők esetében azért, mert nem tartották meg Isten szavát, hanem gonoszságot gonoszságra halmoztak.

Sokszor látjuk, hogy az emberek vagyonokat költenek a betegségük meggyógyítására, de még így is csak a halált várják. Ezek azok az emberek, akiket a sötétség csapása utolért.

Neurológiai problémáktól is szenvednek, mint például

a depresszió, alvatlanság, és idegösszeomlás. A mindennapi tevékenységeiket reménytelenül nehézként élik meg.

Ha rájönnek a bűneikre, megbánják azokat, és elfordulnak tőlük, Isten megkegyelmez nekik, és leveszi a szörnyű szenvedést róluk. Azonban a fáraó esetében azt látjuk, hogy a szívét még jobban megkeményítette, hogy Isten ellen állhasson mindvégig. Ma is ugyanígy van. A makacs emberek nem állnak Isten elé, függetlenül attól, hogy milyen nehéz helyzetben találják magukat. Amikor ők vagy a családtagjuk komolyan megbetegednek, vagy elveszítik a vagyonukat, és az életük veszélybe kerül, nem akarnak Isten előtt megbánást tanúsítani.

Ha továbbra is Isten ellen állunk, még a családi katasztrófák ideje alatt is, a halál csapása elér minket.

Az elsőszülött halálának csapása

Isten Mózes tudtára adta, mi fog történni az Exodusban:

> *Az Úr pedig monda Mózesnek: Még egy csapást hozok a Faraóra és Égyiptomra; azután elbocsát titeket innen; a mikor mindenestől elbocsát, űzve hajt el titeket innen. Szólj azért a népnek füle hallatára, hogy kérjenek a férfi az ő férfitársától, az asszony pedig az ő asszonytársától ezüst edényeket és arany*

edényeket (Exodus 11,1-2).

Mózes olyan helyzetben találta magát, amelyben akár meg is ölhették volna, ha visszamegy a fáraó elé, azonban ő mégis megtette: a fáraónak közvetítette Isten akaratát.

És meghal Égyiptom földén minden elsőszülött, a Faraónak elsőszülöttétől fogva, a ki az ő királyi székében űl, a szolgálónak első szülöttéig, a ki malmot hajt; a baromnak is minden első fajzása. És nagy jajgatás lesz egész Égyiptom földén, a melyhez hasonló nem volt és hasonló nem lesz többé (Exodus 11,5-6).

A fentiek szerint az éjszaka alatt a fáraó és a szolgák, valamint mindenki más elsőszülött gyermekei is, mind meghaltak. Valamint az állatállomány is mind elpusztult.

Nagy sírás volt Egyiptomban, hiszen nem létezett olyan ház, ahol ne halt volna meg az elsőszülött gyermek. Mivel a fáraó végig keményszívű volt, és nem tért meg, még a halál csapása is elérte őket.

Az elsőszülött halálának spirituális jelentősége

Az elsőszülött halálának csapása arra a helyzetre vonatkozik, amikor a személy maga, vagy az általa legjobban szeretett ember, például a gyereke, vagy családtagja meghal, vagy a pusztítás és megsemmisülés útjára tér, és nem üdvözülhet.

Ezt az esetet a Bibliában is megtalálhatjuk. Izrael első királya, Saul ellenszegült Isten szavának, amikor azt mondta, hogy mindent pusztítson el Amalekben. Akkor is megmutatta az arroganciáját, amikor Istennek áldozatot mutatott be, bár csak a papoknak volt szabad. Végül Isten elhagyta őt.

Ebben a helyzetben, ahelyett, hogy rájött volna a hibáira, és megbánta volna őket, megpróbálta megölni a hűséges szolgáját, Dávidot. Amikor az emberek követték Dávidot, egyre mélyebbre esett a gonosz gondolatokba, azt feltételezve, hogy Dávid fel fog lázadni ellene.

Tehát, amikor Dávid hárfán játszott neki, Saul lándzsát dobott felé, hogy megölje őt. Egy olyan háborúba is elküldte Dávidot, amelyet lehetetlen volt megnyernie. Még a szolgáit is elküldte Dávid házához, hogy megöljék.

Továbbá, csak mert segített Dávidnak, megölte Isten papjait is. Sok gonosz cselekedetet felhalmozott. Végül elvesztette a csatát, és szörnyű halált halt. Saját kezével vetett véget az életének.

Mi van Eli pappal, és a fiaival? Eli Izraelben pap volt a bírák idején, és jó példát kellett volna mutatnia. Azonban a fiai, Hofni és Finneás értéktelen emberek voltak, és nem ismerték Istent sem (1 Sámuel 2,12).

Mivel az apjuk pap volt, Istent is szolgálniuk kellett, azonban ők megvetették az Istent. Megérintették a feláldozandó húst,

mielőtt Istennek áldozták volna, és még az asszonyokkal is hemperegtek, akik a gyűlésre szolgáló sátorban dolgoztak. Ha a gyermekek rossz útra térnek, a szülőknek meg kell szidniuk őket, és ha nem hallgatnak rájuk, a szülőknek szigorúbban kell fellépni, és meg kell állítani őket. Ez a szülők igaz szeretete és feladata. Eli pap csak ezt mondta: „Miért tesztek ilyen dolgokat? Nem."
A fiai nem fordultak el a bűntől, ezért átok hullott a családjára. A két fiát megölték egy csatában. Ezt meghallva Eli leesett a székről, eltörte a nyakát, és meghalt. A menye sokkot kapott a koraszülésben, és végül belehalt.

Látva ezeket az eseteket, megérthetjük, hogy az átok, vagy a tragikus halál nem ok nélkül történik meg.

Ha valaki engedetlenségben, és Isten szava ellen él, ő vagy a családtagjai közül valaki meg fog halni. Vannak, akik csak akkor térnek vissza Istenhez, ha ilyen halált megtapasztalnak.

Ha nem térnek meg, miután megtapasztalták az elsőszülött halálának csapását, nem üdvözülhetnek, és ez a legnagyobb csapás. Ezért még a csapások előtt, és ha már fenyegetnek, meg kell bánnod a bűneidet, mielőtt túl késő lenne.

A fáraó esetében azt látjuk, hogy csak akkor ismerte el Istent, miután mind a tíz csapást elszenvedte, és ekkor engedte el, félelmében, Izrael népét.

És hívatá Mózest és Áront éjszaka és monda:

Keljetek fel, menjetek ki az én népem közűl, mind ti, mind Izráel fiai és menjetek, szolgáljatok az Úrnak, a mint mondátok. Juhaitokat is, barmaitokat is vegyétek, a mint mondátok és menjetek el és áldjatok engem is (Exodus 12,31-32).

A tíz csapás által a fáraó megmutatta a kemény szívét, amelynek következtében végül erőszakkal kellett hogy elengedje az izraelitákat. Azonban nagyon hamar megbánta ezt. Meggondolta magát megint. Vette a hadseregét, és Egyiptom szekereit, és elkezdte üldözni az izraelitákat.

Befogata tehát szekerébe és maga mellé vevé az ő népét. És vőn hatszáz válogatott szekeret és Égyiptom minden egyéb szekerét és hárman-hárman valának mindeniken. És megkeményíté az Úr a Faraónak, az égyiptomi királynak szivét, hogy űzőbe vegye az Izráel fiait; Izráel fiai pedig mennek vala nagy hatalommal (Exodus 14,6-8).

Miután az elsőszülött gyermeke meghalt, elismerte Istent, de aztán hamar meggondolta magát, és megbánta, hogy kiküldte az izraelitákat. A seregével utánuk eredt. Ezt látva láthatjuk, milyen gonosz és kemény lehet egy ember szíve. Végül, Isten nem bocsájtott meg neki, én megengedte, hogy meghaljanak a Vöröstenger vizében.

És szóla az Úr Mózesnek: Nyújtsd ki kezedet a tengerre, hogy a vizek térjenek vissza az Égyiptombeliekre, az ő szekereikre s lovasaikra. És kinyújtá Mózes az ő kezét a tengerre, és reggel felé visszatére a tenger az ő elébbi állapotjára; az Égyiptombeliek pedig eleibe futnak vala, és az Úr beleveszté az égyiptomiakat a tenger közepébe. Visszatérének tehát a vizek és elboríták a szekereket és a lovasokat, a Faraónak minden seregét, melyek utánok bementek vala a tengerbe; egy sem marada meg közülökhen (Exodus 14,26-28).

Ma is, a gonosz emberek egy utolsó esélyért könyörögnek, amikor bajban vannak. Azonban, amikor valóban megkapják az esélyt, visszatérnek a gonoszságukhoz. Amikor a gonoszság így folytatódik, végül meghalnak.

Engedetlen és engedelmes élet

Van egy dolog, amelyet világosan meg kell értenünk: ha rosszat tettünk, de beláttuk a hibát, nem szabad a gonoszságot tovább halmoznunk, hanem az igazságban kell járnunk.

1 Péter 5,8-9 ezt tartalmazza: *"Józanok legyetek, vigyázzatok; mert a ti ellenségetek, az ördög, mint ordító oroszlán szerte jár, keresvén, kit elnyeljen: A kinek álljatok ellen, erősek lévén a hitben, tudva, hogy a világban lévő*

atyafiságotokon ugyanazok a szenvedések telnek be."

1 János 5,18 ezt is tartalmazza: *„Tudjuk, hogy valaki Istentől született, nem vétkezik: hanem a ki Istentől született, megőrzi magát, és a gonosz nem illeti őt."*

Ezért, ha nem bűnözünk, hanem Isten szava szerint élünk, Isten meg fog védeni bennünket az égő szemeivel, és semmiért nem kell majd aggódnunk.

Körülöttünk sok embernek kell szembenézni a szerencsétlenséggel, de nem is értik, miért történik ez velük. Azt is láthatjuk, hogy a hívők is szenvednek a bajoktól.

Egyesek a vér-vagy szúnyogcsapástól szenvednek, mások a jégesőtől vagy a sáskáktól. Megint mások az elsőszülött gyereküket veszítik el, sőt, még a vízbefúlást is megtapasztalják.

Ezért, nem kell olyan engedetlen életet élnünk, mint a fáraó tette, hanem engedelmeskednünk kell, hogy egyetlen csapás se érjen bennünket.

Ha olyan helyzetben vagyunk, amelyben nem kerülhetjük el az elsőszülött elveszítésének vagy a sötétség csapásának következményeit, megbocsájthatnak nekünk, ha megbánjuk a bűneinket és megtérünk a bűneinkből. Amint az egyiptomi sereget betemette a Vörös-tenger, ha nem térünk meg azonnal, eljön az idő, amikor késő lesz.

Az Engedetlen
Életről

Ha pedig szorgalmatosan hallgatsz az Úrnak, a te Istenednek szavára, és megtartod és teljesíted minden ő parancsolatát, a melyeket én parancsolok ma néked: akkor e földnek minden népénél feljebbvalóvá tesz téged az Úr, a te Istened; És reád szállanak mind ez áldások, és megteljesednek rajtad, ha hallgatsz az Úrnak, a te Istenednek szavára. Áldott leszesz a városban, és áldott leszesz a mezőben. Áldott [lesz] a te méhednek gyümölcse és a te földednek gyümölcse, és a te barmodnak gyümölcse, a te teheneidnek fajzása és a te juhaidnak ellése. Áldott [lesz] a te kosarad és a te sütő tekenőd. Áldott leszesz bejöttödben, és áldott leszesz kimentedben (5 Mózes 28,1-6).

Hetedik fejezet

Húsvét és üdvösség

Exodus 12,1-28

Szólott vala pedig az Úr Mózesnek és Áronnak Égyiptom földén, mondván: Ez a hónap legyen néktek a hónapok elseje; első legyen ez néktek az esztendő hónapjai között. Szóljatok Izráel egész gyűlekezetének, mondván: E hónak tizedikén mindenki vegyen magának egy bárányt az atyáknak háza szerint, házanként egy bárányt (1-3).

„Szólott vala pedig az Úr Mózesnek és Áronnak Égyiptom földén, mondván: Ez a hónap legyen néktek a hónapok elseje; első legyen ez néktek az esztendő hónapjai között. Szóljatok Izráel egész gyűlekezetének, mondván: E hónak tizedikén mindenki vegyen magának egy bárányt az atyáknak háza szerint, házanként egy bárányt. Hogyha a háznép kevés a bárányhoz, akkor a házához közel való szomszédjával együtt vegyen a lelkek száma szerint; kit-kit ételéhez képest számítsatok a bárányhoz. A bárány ép, hím, egy esztendős legyen; a juhok közűl vagy a kecskék közűl vegyétek. És legyen nálatok őrizet alatt e hónap tizennegyedik napjáig, és ölje meg Izráel községének egész gyülekezete estennen. És vegyenek a vérből, és azokban a házakban, a hol azt megeszik, hintsenek a két ajtófélre és a szemöldökfára. A húst pedig egyék meg azon éjjel, tűzön sütve, kovásztalan kenyérrel és keserű fűvekkel egyék meg azt (6-11).

Egészen eddig azt láttuk, hogy a fáraó és a szolgái Isten szava ellen éltek.

Ennek eredményeképpen kisebb csapások érték Egyiptom földjét. Ahogy továbbra is ellenkeztek, sok betegség felütötte a fejét, a vagyonuk eltűnt, míg végül az életüket is elveszítették. Ennek ellenére, bár ők is Egyiptomban éltek, Izrael kiválasztott népe egyetlen csapást sem kellett hogy elszenvedjen. Amikor Isten az első csapást mérte Egyiptomra, az izraeliták egyetlen életet sem vesztettek el. Azért, mert Isten megmutatta az izraeliták számára az üdvösséget.

Ez nem csak az izraelitákra vonatkozik több ezer évvel ezelőtt, de ugyanígy: ma is vonatkozik ránk is.

Hogyan előzhetjük meg az elsőszülött halálának csapását?

Mielőtt az elsőszülött csapása megjelent Egyiptomban, Isten elárulta az izraelitáknak, hogyan kerülhetik el a csapást.

Szóljatok Izráel egész gyűlekezetének, mondván: E hónak tizedikén mindenki vegyen magának egy bárányt az atyáknak háza szerint, házanként egy bárányt (Exodus 12,3).

A vér csapásától kezdve a sötétség csapásáig, bár Izrael népe semmit nem tett magában, Isten megmentette őket a Hatalmával.

Azonban az utolsó csapás előtt, Isten azt akarta, hogy Izrael népe megmutassa az engedelmességét egy cselekedettel.

Azt kérte, hogy vért kenjenek az ajtófélfára és az áthidalóra, és egyenek a sült bárányból. Ezzel meg tudták különböztetni Isten gyermekeit, amikor Isten megölte az elsőszülötteket, valamint az embereket és állatokat Egyiptomban.

Mivel az utolsó csapás azokat a házakat érte, amelyeken nem volt bárányvér, a zsidók a mai napig húsvétként ünneplik meg, mert ezen a napon menekültek meg.

Manapság a húsvét a zsidók legnagyobb ünnepe. Bárányt esznek, élesztő nélküli kenyeret, keserű növényeket, hogy megünnepeljék ezt a napot. További részlet a 8. fejezetben következik.

Vegyél egy bárányt

Isten azt mondta nekik, hogy vegyenek egy bárányt, mert a bárány spirituálisan Jézus Krisztusra vonatkozik.

Általában beszélve azok, akik hisznek Istenben, azok az Ő „nyájai." Sokan azt hiszik, hogy a „bárány" egy új hívő, de a Bibliában azt látjuk, hogy a bárány Jézus Krisztusra vonatkozik.

A János 1,29-ben Keresztelő János ezt mondta, Jézusra mutatva: *„Másnap látá János Jézust ő hozzá menni, és monda: Ímé az Istennek ama báránya, a ki elveszi a világ bűneit!"* 1 Péter 1,18-19 ezt tartalmazza: *„Tudván, hogy nem veszendő* *holmin, ezüstön vagy aranyon váltattatok meg a ti atyáitoktól örökölt hiábavaló életetekből; Hanem drága véren, mint hibátlan és szeplőtlen bárányén, a Krisztusén."*

Jézus karaktere és cselekedetei egy gyengéd bárányra emlékeztetnek. Máté 12,19-20 ezt tartalmazza: *"Nem verseng, és nem kiált; az utczákon senki nem hallja szavát. A megrepedezett nádat nem töri el, és a pislogó gyertyabelet nem oltja ki, mígnem diadalomra viszi az ítéletet."*

Ahogy egy bárány csak a juhász hangját hallja meg, és őt követi, Jézus is csak „igent" és „áment" mondott Isten előtt (Jelenések könyve 3,14). Amíg meghalt a kereszten, be akarta teljesíteni Isten akaratát (Lukács 22,42).

Egy bárány puha bundát, nagyon tápláló tejet, és húst ad nekünk. Hasonlóan, Jézust is engesztelő áldozatként ajánlották fel, hogy Isten megbékéljen velünk. Jézus ezért az összes vérét és testnedvét odaadta a kereszten.

Ily módon a Biblia sok helyen hasonlítja Jézust egy bárányhoz. Amikor Isten megtanította az izraelitáknak a húsvét szabályait, azt is elmondta nekik, hogyan osszák meg a bárányt.

Hogyha a háznép kevés a bárányhoz, akkor a házához közel való szomszédjával együtt vegyen a lelkek száma szerint; kit-kit ételéhez képest számítsatok a bárányhoz. A bárány ép, hím, egy esztendős legyen; a juhok közűl vagy a kecskék közűl vegyétek (Exodus 12,4-5).

Ha túl szegények voltak, vagy nem voltak elegen ahhoz, hogy egy teljes bárányt meg tudjanak enni, akkor ehettek egy fiatal bárányt vagy kecskét, és a bárányt megoszthatták egy szomszéd családdal. Isten kegyes szeretetét érezhetjük ebben, akiben túlárad az együttérzés.

Azért mondta Isten, hogy vegyenek egy egyéves szűz bakot, mert ekkor a legízletesebb a húsa, mert még nem párzott. Ahogy az emberek esetében is, ez a fiatalság ideje, szép és tiszta.

Mivel Isten tiszta és hibátlan, azt mondta nekik, hogy a legszebb korú bárányt, egy egyévest vegyenek.

Kenjenek vért az ajtóra, és ne menjenek ki reggelig

Isten azt mondta, hogy a bárányt annak megfelelően válasszák, hogy hányan vannak a háztartásban. Az Exodus 12,6-ben azt látjuk, hogy nem kellett azonnal megölniük a bárányt, hanem négy napig kellett tartaniuk, majd szürkületben kellett megölniük. Isten időt adott nekik, hogy őszinte szívvel tudjanak felkészülni az eseményre.

Miért mondta azt Isten, hogy szürkületben kell megölni a bárányt?

Az emberi művelés, amely Ádám engedetlenségével kezdődött, általában három részre osztható. Ádámtól Ábrahámig körülbelül 2.000 év van, és ez az időszak az emberi civilizáció kezdete. Egy nappal összehasonlítva, ez a reggelnek felel meg.

Ez után, Isten kinevezte Ábrahámot a hit atyjaként, és Ábrahám idejétől egészen addig, amíg Jézus eljött, szintén 2.000 év telt el. Ez olyan, mint a nappal egy nap idején.

Attól kezdve, hogy Jézus eljött a földre, máig körülbelül 2.000 év telt el. Ez az emberiség kultiválásának a vége, és a nap tekintetében ez az alkonyat (1 János 2,18; Júdás 1,18; A zsidókhoz írt levél 1,2; 1 Péter 1,5; 20).

Az az időszak, amikor Jézus eljött a földre, hogy megváltson bennünket a bűneinktől, és feláldozta magát értünk a kereszten, az emberiség művelésének utolsó korszakába tartozik, és ezért mondta Isten nekik, hogy alkonyatban öljék meg a bárányt, ne napközben.

Aztán az embereknek fel kellett kenni a bárány vérét az ajtófélfára és az áthidalóra (Exodus 12,7). Spirituális értelemben a bárány vére Jézus vérére vonatkozik. Azért mondta ezt nekik Isten, mivel Jézus vére szabadít meg bennünket. Azzal, hogy a vére omlott, és a kereszten meghalt, Jézus megmentett bennünket a bűneinktől, és megmentette az életünket, ez a spirituális jelentése ennek.

Mivel a szent vér szabadít meg bennünket a bűneinktől, nem kellett az ajtó küszöbére kenniük a vért, amelyre az emberek rálépnek, csak az ajtófélfára és az áthidalóra.

Jézus azt mondta: *„Én vagyok az ajtó: ha valaki én rajtam megy be, megtartatik és bejár és kijár majd, és legelőt talál"* (János 10,9). Amint korábban említettem, azon az éjszakán, amelyen az elsőszülött halálának csapása bekövetkezett, minden házban, ahol nem volt vér, halál történt, azonban azok a házak megmenekültek, ahol a lakók vért kentek az ajtóra.

Még ha fel is kenték a bárány vérét, nem menekülhettek meg (Exodus 12,22). Ha kimentek az ajtón, azt jelentette, hogy semmi közük nem volt Isten küldöttéhez, és szembe kellett hogy nézzenek az elsőszülött halálának csapásával.

Spirituális értelemben, az ajtón kívüliség azt a fajta sötétséget jelképezi, aminek semmi köze nincs Istenhez. Az igazságtalanság világa ez. Manapság is, ha elfogadtuk Istent, de elhagyjuk Őt, nem üdvözülhetünk.

Süssétek meg a bárányt, és egészben egyétek meg

Halálok történtek az egyiptomiak házaiban, és nagy kiáltozás volt. A fáraó egyáltalán nem félt Istentől, még akkor sem, amikor oly sok munkáit megtapasztalták az egyiptomiak. Egy nagy sikoly hallatszott a mély éjszaka csendjében.

Azonban reggelig az izraeliták nem mentek az ajtókon kívülre. Megették a bárányt, Isten szavának megfelelően. Miért kellett késő éjszaka megenniük a bárány húsát? Ennek mély spirituális jelentősége van.

Mielőtt Ádám evett a jó és a rossz tudásának a fájáról, Isten ellenőrzése alatt élt, aki a fény, azonban – mivel ellenszegült és evett a fáról – a bűn szolgálója lett. Ezért az összes szolgálója, leszármazottja, az egész emberiség, az ellenséges Sátán és az ördög, a sötétség fejedelmének uralkodása alá került. Ahogy az izraelitáknak éjjel kellett megenniük a bárányt, mi, akik spirituális értelemben a sötétség világában élünk, meg kell ennünk az Isten Fiának a húsát, ami Isten szava, aki a fény, és meg kell innunk az Ő vérét, hogy üdvözülhessünk. Isten részletesen elmondta nekik, hogyan egyék meg a bárányt. Élesztő nélküli kenyérrel kellett megenniük, valamint keserű növényekkel (Exodus 12,8).

Az élesztő egy olyan gombafajta, amely a kenyeret megkeleszti, és az ételt puhábbá és ízletesebbé teszi. Az élesztő nélküli kenyér kevésbé ízletes, mint az élesztővel készült kenyér.

Mivel egy ilyen éles helyzet volt, élet és halál kérdése, Isten megengedte nekik, hogy a bárányt keletlen kenyérrel és keserű növényekkel egyék meg, hogy emlékezzenek a nap jelentőségére.

Az élesztő spirituális értelemben a bűnre és a gonoszságra vonatkozik. Ezért, az élesztő nélküli kenyeret megenni azt jelenti, hogy a bűneinktől meg kell szabadulni, hogy üdvösséget nyerhessünk.

Isten megengedte nekik, hogy a tűz fölött megpirítsák a bárányt, ne nyersen vagy főve egyék, mondta, és teljesen meg kellett enniük, a fejét, a lábait, és a belsőségeit (Exodus 12,9).

Itt a nyers hús megevése azt jelenti, hogy Isten értékes szavát szó szerint veszik.

Például Máté 6,6 ezt tartalmazza: *"Te pedig a mikor imádkozol, menj be a te belső szobádba, és ajtódat bezárva, imádkozzál a te Atyádhoz, a ki titkon van; és a te Atyád, a ki titkon néz, megfizet néked nyilván."* Ha szó szerint értelmezzük ezt, be kell mennünk a belső szobánkba, be kell csuknunk az ajtót, és imádkoznunk kell. Azonban a Bibliában sehol sem látjuk azt, hogy Isten embere a belső szobákban imádkozik úgy, hogy az ajtó csukva van.

Spirituális értelemben „bemenni a belső szobába és imádkozni" azt jelenti, hogy a gondolataink nem lehetnek passzívak, hanem teljes szívünkkel kell imádkoznunk.

Az étkezés terén, amennyiben nyers húst eszünk, lehet, hogy elkapunk valamilyen fertőző betegséget, vagy lehet, hogy megfájdul a gyomrunk. Ha Isten szavát szó szerint értelmezzük, félreértjük azt, és ez gondot jelenthet. Nem lehet spirituális hitünk, és ez még távolabbra vezet bennünket az üdvösségtől.

„Vízben megfőzni" ezt jelenti: „filozófiát, tudományt, orvostudományt, emberi gondolatokat adni Isten szavához." Ha vízben megfőzzük, a hús leve kijön, de a tápérték jó része eltűnik. Ha a világi tudást hozzáadjuk Isten szavához, lehet, hogy elsajátítunk valamennyi hitet tudás formájában, de spirituális hitünk soha nem lesz. Ezért, nem üdvözülhetünk.

Mit jelent a bárányt a tűz fölött megsütni?
Itt a „tűz" a Szentlélek szent tüzére vonatkozik. Isten Szava a

Szentlélek inspirációjában íródott, és ezért, amikor hallunk róla vagy elolvassuk, a Szentlélek teljességében és inspirációjában kell hogy tegyük. Egyébként csupán csak tudás marad, és nem lehet belőle spirituális táplálék.

Annak érdekében, hogy Isten szavát megehessük, miután a tűz fölött megsült, buzgón kell imádkoznunk. Az ima olyan, mint az olaj, és ez a forrás, ahonnan megkaphatjuk a Szentlélek teljességét. Amikor Isten szavát a Szentlélek teljességével vesszük magunkhoz, a szó édesebb lesz, mint a méz. Azt jelenti, hogy szomjas szívvel hallgatjuk az igét, mint ahogy egy szarvas szomjazik a forrásvízre. Ily módon azt érezzük, hogy az idő, amikor Isten szavát hallgatjuk, nagyon értékes, és soha nem fogjuk unalmasnak érezni.

Amikor Isten szavát hallgatjuk, ha felhasználjuk az emberek gondolatait, vagy a saját tapasztalatunkat vagy tudásunkat, nem érthetünk meg túl sok mindent.

Például Isten azt mondja, ha valaki megüti az arcunk egyik felét, tartsuk oda a másikat is, és ha valaki tunikát kér tőlünk, adjunk neki egy köpenyt is. Ha valaki arra kényszerít bennünket, hogy vele menjünk egy mérföldön át, menjünk vele két mérföldön át. Sok ember azt hiszi, a bosszúállás rendben lévő dolog, azonban Isten azt mondja, hogy még az ellenségeinket is szeressük, legyünk alázatosak, és szolgáljunk másokat (Máté 5,39-44).

Ezért minden gondolatunkat el kell törnünk, és Isten szavát el kell fogadnunk a Szentlélek inspirációja által. Csak ekkor válik

Isten szava az erőnkké, hogy az igaztalan dolgokat el tudjuk dobni magunktól, és eljussunk az üdvösséghez.

Általában a hús jobb ízű, ha tűz fölött megpirítjuk, ugyanakkor a fertőzéseket is el tudjuk kerülni ezzel. Hasonlóképpen, az ellenséges ördög és Sátán nem hatnak azokra az emberekre, akik Isten szavát spirituális értelemben értékelik, azzal az érzéssel, hogy édesebb, mint a méz.

Továbbá, Isten azt mondta nekik, hogy egyék meg a fejet, a lábakat, ás a belsőségeket. Ez azt jelenti, hogy el kell sajátítanunk a Biblia mind a 666 könyvét, úgy, hogy egyet sem hagyunk ki.

A Bibliában megtaláljuk a teremtés eredetét, és az emberi kultiválás gondviselését. Azt is megtaláljuk, hogyan válhatunk Isten igaz gyermekeivé. Az üdvösség gondviselését is tartalmazza, mely rejtve volt az idők kezdete óta. A Bibliában megtaláljuk Isten akaratát.

Ezért, „megenni a fejet, a lábakat és a belsőségeket" azt jelenti, hogy a Bibliát –elejétől végig: a Genezistől a Jelenések könyvéig – úgy kell vennünk, mint egy új kezdetet.

Semmit ne hagyj reggelre, gyorsan egyél meg mindent

Izrael népe otthon fogyasztotta el a tűzön perzselt bárányt, és semmit sem hagytak belőle reggelre, mivel az Exodus 12,10 ezt mondja: *„És ne hagyjatok belőle reggelre, vagy a mi*

megmarad belőle reggelre, tűzzel égessétek meg."
A „reggel" az az időszak, amikor a sötétség eltűnik, és a fény eljön. Spirituális értelemben az Úr második eljövetelére vonatkozik. Miután Ő visszajön, már nem készíthetjük elő az olajunkat (Máté 25,1-13), ezért szorgalmasan kell tanulmányoznunk Isten szavát, és gyakorolnunk kell, még mielőtt az Úr újra eljön.

Az emberek csak 70 vagy 80 évig élnek, és senki sem tudhatja, mikor lesz vége az ő életének. Ezért szorgalmasan kell tanulmányoznunk és alkalmaznunk Isten szavát, örökké.

Izrael népe el kellett hogy menjen Izraelből, miután az elsőszülött halálának csapása bekövetkezett. Ezért mondta nekik Isten, hogy gyorsan egyenek.

És ilyen módon egyétek azt meg: Derekaitokat felövezve, saruitok lábaitokon és pálczáitok kezetekben, és nagy sietséggel egyétek azt; mert az Úr páskhája az (Exodus 12,11).

Ez azt jelenti, hogy fel kellett venniük a ruhájukat és a cipőjüket, hogy el tudjanak indulni. Az öveik felvétele és a saruk felöltése azt jelentette, hogy teljesen készen kellett állniuk.

Annak érdekében, hogy ezen a földön, mely olyan, mint Egyiptom a csapások idején, üdvösséget nyerhessenek és bemehessenek a mennyei királyságba, mely olyan, mint az Ígéret Földje, a Kánaán, mindig ébernek és késznek kell lenniük az embereknek.

Isten azt is mondta, hogy a botjuk is legyen a kezükben, és ez spirituális értelemben a „hitet" jelenti. Amikor gyalogolunk, vagy egy hegyet mászunk meg, ha bot van a kezünkben, sokkal nagyobb biztonságban leszünk, és nem eshetünk el.

A botot azért adták Mózesnek, mert még nem szállta meg a lelkét a Szentlélek. Isten azt a botot adta neki, amely spirituális értelemben a hitet jelképezte. Ily módon Izrael népe megtapasztalhatta Isten hatalmát egy bot által, mely fizikailag látható volt a szemnek, és az Egyiptomból való kivonulás megvalósulhatott.

Még ma is, ahhoz, hogy a mennyei királyságba jussunk, spirituális hittel kell bírnunk. Csak akkor üdvözülhetünk, ha hiszünk az Úr Jézus Krisztusban, aki bűntelenül meghalt a kereszten, majd feltámadt. Csak akkor érhetjük el a teljes üdvösséget, ha Isten szavát gyakoroljuk úgy, hogy az Úr húsát esszük, és az Ő vérét isszuk.

Továbbá, nagyon közel állunk az Úr visszatéréséhez. Ezért engedelmeskednünk kell Isten szavának, és buzgón kell imádkoznunk, hogy minden esetben megnyerhessük a sötét erőkkel vívott versenyt.

Annakokáért vegyétek föl az Istennek minden fegyverét, hogy ellentállhassatok ama gonosz napon, és mindeneket elvégezvén megállhassatok. Álljatok hát elő, körül övezvén derekatokat igazlelkűséggel, és felöltözvén az igazságnak mellvasába, És felsarúzván lábaitokat a békesség evangyéliomának készségével; Mindezekhez fölvevén a hitnek paizsát, a melylyel ama gonosznak minden tüzes nyilát megolthatjátok; Az idvesség sisakját is fölvegyétek, és a Léleknek kardját, a mely az Isten beszéde (Ephesians 6,13-17).

Nyolcadik fejezet

Körülmetélés, és úrvacsora vétel

Exodus 12,43-51

És monda az Úr Mózesnek és Áronnak: Ez a Páskha rendtartása: Egy idegen származású se egyék abból (43).
Egy körűlmetéletlen se egyék abból (48).
Egy törvénye legyen az ott születettnek és a jövevénynek, a ki közöttetek tartózkodik (49).
Ugyanazon napon hozá ki az Úr az Izráel fiait Égyiptomnak földéről, az ő seregeik szerint (51).

A Húsvét ünnepének megtartása a legrégebbi időktől megőrződött, több mint 3.500 évig. Ez jelentette az alapot Izrael országának megalapításához.

A Húsvét (angolul Passover, héberül: פסח (Pesach)) azt jelenti, hogy valaki „átmegy," vagy elfelejt valamit. Azt jelenti, hogy a sötétség árnyéka átment Izrael házai fölött, melyeknek az ajtaja be volt kenve vérrel, amikor az elsőszülött csapása elérte Egyiptomot.

Izraelben még ma is kitakarítják a házat, és az élesztős kenyeret eltávolítják belőle Húsvét ünnepén. Még a kisgyerekek is bebújnak az ágy alá, és kis lámpákkal megkeresik a kenyérdarabokat, amelyekben élesztő van, és kidobják őket. Minden egyes házban a húsvét szabályai szerint étkeznek. A családfő megemlékezik a húsvéti ünnep jelentőségéről, és megünneplik az Exodust is.

„Miért eszünk Matzot, (keletlen kenyeret) ma este?"

„Miért eszünk Marort (keserű növényeket) ma este?"

„Miért eszünk petrezselymet, miután kétszer belemártottuk sós vízbe? Miért eszünk keserű növényeket Harosheth-tel (egy pirosas színű dzsem, mely az egyiptomi téglák kiégetését jelképezi)?"

„Miért pihenünk, és esszük a húsvéti ételeket?"

A ceremónia vezére elmeséli, hogy azért kellett keletlen kenyeret enniük, mert gyorsan kellett elmenniük Egyiptomból. Azt is elmondja, hogy azért esznek keserű növényeket és fűszereket, hogy az egyiptomi rabszolgaság keserűségére emlékezzenek, és a sós vízbe mártott petrezselymet meg azért, hogy megemlékezzenek az Egyiptomban hullatott könnyeikre.

Azonban most, hogy az apáik megszabadultak a rabszolgaságból, az ételt ledőlve eszik, hogy kifejezzék az örömet és szabadságot, amelyet az okoz, hogy szabadon lefeküdhetnek evés közben. Amikor a vezető Egyiptom tíz csapásáról beszél, mindenik családtag egy kis bort vesz a szájába, valahányszor a csapást megemlítik, majd egy külön tálba kiköpi.

A húsvét ezelőtt 3.500 évvel volt, de a húsvéti étel révén még a mai gyerekek is megtapasztalhatják az Exodust. A zsidók még ma is betartják ezt az ünnepet, amelyet Isten több ezer évvel ezelőtt alkotott meg.

A diaszpóra hatalma, azaz a zsidók hatalma, akik az egész világon szétszóródtak, hogy később egyesüljenek, és létrehozzák a saját országukat, itt van elrejtve.

A Húsvéton résztvevők tulajdonságai

Az elsőszülött halála csapásának éjjelén az izraeliták megszabadultak Egyiptomban, mivel engedelmeskedtek Isten szavának. Ahhoz, hogy a húsvéton részt tudjanak venni, egy feltételnek meg kellett felelniük.

> *És monda az Úr Mózesnek és Áronnak: Ez a Páskha rendtartása: Egy idegen származású se egyék abból. Akárkinek is pénzen vett szolgája akkor egyék abból, ha körűlmetélted. A zsellér és a béres ne egyék abból. Egy házban egyék meg; a házból ki ne vígy a húsból, és csontot se törjetek össze abban. Izráel egész gyülekezete készítse azt. És ha jövevény tartózkodik nálad, és páskhát akarna készíteni az Úrnak: metéltessék körűl minden férfia, és úgy foghat annak készítéséhez, és legyen olyan, mint az országnak szülötte. Egy körűlmetéletlen se egyék abból. Egy törvénye legyen az ott születettnek és a jövevénynek, a ki közöttetek tartózkodik* (Exodus 12,43-49).

Csak azok ehettek a húsvéti ételekből, akiket körülmetéltek, mivel a körülmetélés egy fontos dolog az életben, és spirituálisan az üdvösséghez kapcsolódik.

A körülmetélés azt jelenti, hogy a pénisztől az előbőrt teljesen vagy részben eltávolítják a születés nyolcadik napján, minden egyes fiú csecsemőről Izraelben.

A Genezis 17,9-10 ezt tartalmazza: *„Annakfelette monda Isten Ábrahámnak: Te pedig az én szövetségemet megőrizzed, te és a te magod te utánad az ő nemzedékei szerint. Ez [pedig] az én szövetségem, melyet meg kell tartanotok én közöttem és ti közöttetek, és a te utánnad való magod között: minden férfi* *körűlmetéltessék nálatok."*

Amikor Isten megáldotta Ábrahámot mint szövetségest, aki a hit atyja volt, arra kérte őt, hogy metélje magát körül a szövetség jeleként. Akik nem tették meg, nem lehettek áldottak.

És metéljétek körűl a ti férfitestetek bőrének elejét, és az lesz az én közöttem és ti közöttetek való szövetségnek jele. Nyolcznapos korában körűlmetéltessék nálatok minden férfigyermek nemzedékeiteknél; akár háznál született, akár pénzen vásároltatott valamely idegentől, a ki nem a te magodból való. Körűlmetéltetvén körűlmetéltessék a házadban született és a pénzeden vett; és örökkévaló szövetségűl lesz az én szövetségem a ti testeteken. A körűlmetéletlen férfi pedig, a ki körűl nem metélteti az ő férfitestének bőrét, az ilyen lélek kivágattatik az ő népe közűl, [mert] felbontotta az én szövetségemet (Genezis 17,11-14).

Miért parancsolta azt Isten, hogy a nyolcadik napon metéljék körül magukat?

Miután egy kisgyerek kilenc hónap után, melyet az anyaméhben töltött el, a külvilágra születik, nem könnyen alkalmazkodik ehhez a nagyon más környezethez. A sejtjei még gyengék, de hét nap múlva valamelyest megszokják az új környezetet, azonban még mindig nem nagyon aktívak.

Ha az előbőrt ekkor vágják le, a fájdalom minimális lesz, és a seb hamar begyógyul. Azonban, miután valaki felnőtt, a bőr kemény lesz, és az eljárás már nagyon fájdalmas.

Isten azt kérte az izraelitáktól, hogy a születéstől számítva a nyolcadik napon végezzék el a körülmetélést, hogy egészséges legyen, és a növekedést se gátolja, és ezzel a szövetségeseivé tette őket.

A körülmetélés közvetlen kapcsolata a valós élettel

Exodus 4,24-26 ezt tartalmazza: *„És lőn az úton, egy szálláson, eleibe álla az Úr és meg akarja vala őt ölni. De Czippora egy éles követ veve és lemetszé az ő fiának előbőrét és lába elé veté mondván: Bizony, vérjegyesem vagy te nékem! És békét hagya néki. Akkor monda: Vérjegyes a körűlmetélkedésért."*

Miért akarta Isten megölni Mózest?
Megérthetjük, ha megértjük először Mózes születését és felnövését. Annak érdekében, hogy az izraelitákat teljesen tönkretegyék, egy rendeletet hoztak, melynek alapján az összes újszülött zsidó fiút ki kellett végezni.

Ekkor Mózest az anyja elrejtette. Végül egy fűzfavessző kosárba rakta, és lerakta a Nílus folyó partjára. Isten gondviseléséből egy egyiptomi hercegnő észrevette őt, és belőle is herceg lett, mivel a hercegnő örökbe fogadta. Ezért, ő nem volt abban a helyzetben, hogy körülmetéljék.

Bár az Exodus vezéreként hívták el, még nem metélték körül. Ezért Isten angyala meg akarta ölni őt. A körülmetélés egyenesen kapcsolatban áll az élettel, mert ha valaki nincs körülmetélve, semmi köze nincsen Istenhez.

A zsidókhoz írt levél 10,1 ezt tartalmazza: *„Minthogy a törvényben a jövendő jóknak árnyéka, nem maga a dolgok képe van meg, ennélfogva azokkal az áldozatokkal, a melyeket esztendőnként szünetlenül visznek, sohasem képes tökéletességre juttatni az odajárulókat"* és a törvény itt az Ótestamentumra vonatkozik, azaz a Jó Hírre, mely Jézus Krisztus által érkezik meg.

Az árnyék és az eredeti kép egy és ugyanaz, és nem létezhetnek külön. Ezért, Isten parancsa a körülmetélésről az Ótestamentumi időkben egy és ugyanaz, és nem létezhetnek egymás nélkül. Ezért, Isten parancsa az Ótestemantumban, mely a körülmetélésre vonatkozik, és amely szerint ha nem metélik magukat körül, nem lehetnek része Isten népének, még ma is érvényes, ránk is.

Azonban ma, az Ótestamentumi időkkel ellentétben, nem fizikailag, hanem spirituális értelemben kell magunkat körülmetélnünk, ami a szív körülmetélését jelenti.

Fizikai körülmetélés, és a szív körülmetélése

A rómaiakhoz írt levél 2,28-29 ezt tartalmazza: *"Mert nem az a zsidó, a ki külsőképen az; sem nem az a körülmetélés, a mi a testen külsőképen van: Hanem az a zsidó, a ki belsőképen az; és a szívnek lélekben, nem betű szerint való körülmetélése [az igazi körülmetélkedés;] a melynek dícsérete nem emberektől, hanem Istentől van."* A fizikai körülmetélés csak egy árnyék, és az eredeti kép az Új Testamentumban a szív körülmetélését jelenti, és ez az, ami üdvözít bennünket.

Az Ótestamentum idején nem részesültek a Szentlélekből, így nem tudták az igaztalan dolgokat kidobni a szívükből. Úgy tudták megmutatni, hogy Istenhez tartoznak, hogy fizikailag körülmetélték a szívüket. Azonban az Újtestamentum idején, amikor elfogadjuk a Jézus Krisztust, a Szentlélek beköltözik a szívünkbe, és a Szentlélek segít nekünk, hogy az igazság szerint éljünk, és megszabaduljunk a hamisságtól, mely a szívünkben van.

A szívünk körülmetélése ily módon azt jelenti, hogy követjük az Ótestamentumbeli parancsot, hogy fizikailag metéljük körbe magunkat. Arra is egy módszer, hogy a Húsvétot megtartsuk.

Metéljétek magatokat körül az Úrnak, és távolítsátok el szívetek előbőreit (Jeremiás 4,4).

Mit jelent a szív előbőrének eltávolítása? Azt, hogy mindent betartunk, amit Isten kér, tilt, és bizonyos dolgokat távol tartunk magunktól.

Nem teszünk meg bizonyos dolgokat, mint például „Ne gyűlölködj, ne ítélkezz, ne lopj, ne csalj." Csak akkor szabadulunk meg, vagy őrzünk meg valamit, ha Ő mondja nekünk, például „Mindenféle gonoszságot dobjatok el, tartsátok meg a sabbathot, tartsátok meg isten parancsolatait."

Azt tesszük, amit Ő kér tőlünk, mint például „prédikáljátok az evangéliumot, imádkozzatok, bocsássatok meg egymásnak, szeressétek egymást, stb." Ezzel elűzzük a hamisságot, gonoszságot, igazságtalanságot, törvénytelenséget és sötétséget a szívünkből, hogy kitisztítsuk azt, és aztán megtöltsük az igazsággal.

A szív körülmetélése és a teljes üdvösség

Mózes idején kezdték a Húsvétot ünnepelni, hogy megelőzzék az elsőszülött zsidó fiúk halálát az Exodus előtt. Nem jelenti azt, hogy ha valaki megünnepli, örökre üdvösséget nyert.

Ha örökre üdvözültek volna a húsvét által, az összes izraelita, aki elhagyta Egyiptomot, bement volna a tejjel és mézzel folyó Kánaán Földjére.

Azonban az igazság az, hogy Józsué és Káleb, akik húszévesnél idősebbek voltak az Exodus idején, nem mutattak hitbeli és engedelmes cselekedeteket. Annak a generációnak a tagjai voltak, akik negyven évig a vadonban voltak, és ott kellett volna meghalniuk, anélkül, hogy meglássák a Kánaán áldott földjét.

Ma is így van. Még ha el is fogadtuk a Jézus Krisztust, és Isten gyermekévé váltunk, ez nem lehet örökre teljes és garantált. Azt jelenti csupán, hogy az üdvösség határain belül vagyunk már.

Ezért, ahogy az izraelitáknak is szükséges volt a negyvenévnyi megpróbáltatás azért, hogy beléphessenek a Kánaán földjére, annak érdekében, hogy végleges üdvösséget nyerjünk, végig kell menjünk a folyamaton, melynek során Isten szavával körülmetélnek bennünket.

Miután elfogadjuk Jézus Krisztust mint személyes megmentőnket, a Szentlélek megszáll bennünket. Azonban, az, hogy „megszáll a Szentlélek" nem jelenti azt, hogy a szívünk teljesen tiszta lesz. Állandóan kell metélnünk a szívünket, egészen addig, amíg a teljes üdvösséget elérjük. Csak ha megtartjuk a szívünket a körbemetélés által, amely az élet forrása, csak ekkor érhetjük el az üdvösséget.

A szív körülmetélésének jelentősége

Csak amikor megtisztulunk a bűneinktől és gonoszságunktól az Isten szavával és a Szentlélek kardjával, csak ekkor válhatunk Isten szent gyermekeivé, és élhetjük a szerencsétlenségektől mentes életet.

Egy másik ok, amiért körül kell metélnünk a szívünket az, hogy megnyerjük a spirituális harcokat. Bár láthatatlanok, mégis nagyon sok harc létezik a jó szellemek (Isten szellemei) és a gonosz szellemek között.

Az Efezusiakhoz 6,12 ezt tartalmazza: *"Mert nem vér és test ellen van nékünk tusakodásunk, hanem a fejedelemségek ellen, a hatalmasságok ellen, ez élet sötétségének világbírói ellen, a gonoszság lelkei ellen, melyek a magasságban vannak."*

Ahhoz, hogy megnyerjük a harcot spirituális értelemben, teljesen tiszta szívünknek kell lenni. Ez azért van, mert a spirituális világban a hatalom a bűntelenségben van. Ezért akarja Isten, hogy körülmetéljük a szívünket, és számos alkalommal tudtunkra adja a körülmetélés fontosságát.

Szeretteim, ha szívünk nem vádol minket, bizodalmunk van az Istenhez; És akármit kérjünk, megnyerjük tőle, mert megtartjuk az ő parancsolatait, és azokat cselekeszszük, a mik kedvesek előtte (1 János 3,21-22).

Annak érdekében, hogy az élet problémáira válaszokat kapjunk, mint például a betegségek és a szegénység, körül kell metélnünk a szívünket. Csak ha tiszta a szívünk, lehetünk magabiztosak Isten előtt, és kaphatunk meg bármit, amit kérünk.

Húsvét és szent közösség: áldozás vagy úrvacsora

Hasonlóképpen, csak akkor vehetünk részt a húsvétban, ha a

Körülmetélés, és úrvacsora vétel · 121

szívünket körülmetéltük. Ma ezt az úrvacsora osztása jelenti. A húsvét a bárány húsának elfogyasztásáról is szól, míg az úrvacsora arról, hogy megesszük a kenyeret és megisszuk a bort, amely Jézus Krisztus vérét és húsát jelképezi.

> *Monda azért nékik Jézus: Bizony, bizony mondom néktek: Ha nem eszitek az ember Fiának testét és nem iszszátok az ő vérét, nincs élet bennetek. A ki eszi az én testemet és iszsza az én véremet, örök élete van annak, és én feltámasztom azt az utolsó napon. Mert az én testem bizony étel és az én vérem bizony ital* (János 6,53-54).

Itt az „Isten fia" Jézusra vonatkozik, és az Ember fia meg a Biblia 66 könyvére. Az Ember Fiának megenni a húsát azt jelenti, hogy megesszük az igazság szavát, Isten szavát, mely a Bibliában van.

Ahogyan szükségünk van folyadékra az étel megemésztéséhez, amikor megesszük az Ember Fiának a húsát, innunk is kell, hogy jól tudjunk emészteni.

„Meginni az Ember Fiának vérét" azt jelenti, hogy valóban gyakorolnunk kell Isten szavát. Miután megismerjük az igét, ha nem gyakoroljuk, az Isten szava haszontalan lesz a számunkra.

Amikor megértjük Isten szavát a Biblia 66 könyve alapján és gyakoroljuk azt, az igazság beköltözik a szívünkbe, és felszívjuk, mint ahogy a testünk felszívja a tápanyagokat. A bűn és a gonoszság szeméttévá válik, amit ki kell dobni, és egyre inkább igaz emberekké válunk, hogy üdvösséget nyerhessünk.

Például, ha megesszük az igazság tápanyagát és gyakoroljuk is azt, ez a szó felszívódik bennünk, mint a tápanyag. Azok a dolgok, amelyek ellenállást fejeznek ki, mint a gyűlölet, irigység és féltékenység, szeméttévá válnak, amit ki kell dobni. Ekkor lesz tökéletes szívünk, ami a szeretet szíve.

A szívünket is megtöltjük békével és igazságossággal, és a veszekedések, viták, neheztelések mind eltűnnek.

Mi kell ahhoz, hogy részt vegyünk az úrvacsorán

Az Exodus idején azok, akiket körülmetéltek, részt vehettek a húsvéton, és így elkerülhették az elsőszülöttük halálát. Hasonlóképpen, ha manapság elfogadjuk Jézus Krisztust, mint megmentőnket, és megkapjuk a Szentlelket, megpecsételnek bennünket Isten gyermekeként, és jogunk lesz részt venni az úrvacsorán.

Azonban a húsvét csak azt szolgálta, hogy az elsőszülött halálát megelőzzék. Ezenkívül a vadonban is kellett bujdosniuk, hogy teljes üdvösséget nyerjenek. Hasonlóképpen, lehet, hogy megkaptuk a Szentlélek áldását és részt vehetünk az úrvacsorán, de még mindig át kell mennünk azon a folyamaton, amely által örök üdvösséget nyerhetünk. Mivel az üdvösség kapujába kerültünk azzal, hogy elfogadtuk Jézus Krisztust, az életünkben engedelmeskednünk kell Isten szavának. A mennyei királyság és az örök üdvösség kapui felé kell menetelnünk. Ha bűnöket követünk el, nem vehetünk részt az úrvacsorában, hogy megegyük a Szent Úr húsát, és megigyuk a Vérét. Először meg kell vizsgálnunk magunkat, meg kell bánnunk az összes elkövetett bűnünket, és meg kell tisztítanunk a szívünket, hogy részt vehessünk az úrvacsorán.

Azért a ki méltatlanul eszi e kenyeret, vagy issza az Úrnak poharát, vétkezik az Úr teste és vére ellen. Próbálja meg azért az ember magát, és úgy egyék abból a kenyérből, és úgy igyék abból a pohárból, Mert a ki méltatlanul eszik és iszik, ítéletet eszik és iszik magának, mivelhogy nem becsüli meg az Úrnak testét (1 Korinthusi 11,27-29).

Vannak, akik azt mondják, hogy csak azok vehetnek részt az úrvacsorán, akiket vízzel megkereszteltek. Azonban, amikor elfogadjuk Jézus Krisztust, ajándékként megkapjuk a Szentlelket is. Mindannyiunknak megvan a joga, hogy Isten gyermekeivé váljunk.

Ezért, ha a Szentlelket megkaptuk, és Isten gyermekeivé váltunk, részt vehetünk az úrvacsorán, miután a bűneinket megbántuk, még akkor is, ha még nem kereszteltek meg bennünket vízzel.

Az úrvacsora által még egyszer emlékszünk az Úr kegyelmére, akit a keresztre feszítettek, és aki a vérét ontotta értünk. Magunkat is meg kell vizsgálnunk, és meg kell tanulnunk az Úr szavát, és gyakorolnunk kell azt.

1 Korinthusi 11,23-25 ezt tartalmazza: *"Mert én az Úrtól vettem, a mit néktek előtökbe is adtam: hogy az Úr Jézus azon az éjszakán, melyen elárultaték, vette a kenyeret, És hálákat adván, megtörte és ezt mondotta: Vegyétek, egyétek! Ez az én testem, mely ti érettetek megtöretik; ezt cselekedjétek az én emlékezetemre."*

Mindezekért, arra biztatlak, hogy értsd meg a Húsvét és az úrvacsora igaz jelentését, és buzgón edd meg az Úr húsát, és idd meg az Ő vérét, hogy a gonoszság minden formáját el tudd dobni, és a szíved teljes körülmetélését el tudd érni.

Kilencedik fejezet

Exodus és a kovásztalan kenyér ünnepe

Exodus 12,15-17

„Hét napig egyetek kovásztalan kenyeret; még az első napon takarítsátok el a kovászt házaitokból, mert valaki kovászost ejéndik az első naptól fogva a hetedik napig, az olyan lélek irtassék ki Izráelből. Az első napon pedig szent gyűléstek legyen és a hetedik napon is szent gyűléstek legyen; azokon semmi munkát ne tegyetek, egyedül csak a mi eledelére való minden embernek, azt el lehet készítenetek. Megtartsátok a kovásztalan kenyér innepét; mert azon a napon hoztam ki a ti seregeiteket Égyiptom földéről; tartsátok meg hát e napot nemzetségről nemzetségre, örök rendtartás szerint."

„Bocsássunk meg, de ne feledjünk."

Ez egy mondat Yad Vashem Holocaust Múzeum bejáratánál Jeruzsálemben. Annak a hatmillió zsidó embernek az emlékét őrzi, akiket a nácik megöltek a második világháború alatt, hogy ne ismétlődjék meg ugyanez a történet.

Izrael története az emlékezésről szól. A Bibliában Isten azt mondja nekik, hogy emlékezzenek a múltra, jól jegyezzék meg, és generációkon át őrizzék meg az emléket.

Miután a zsidók megmenekültek az elsőszülött halálának a csapásától a húsvét megünneplése által, és kimentek Egyiptomból, Isten azt mondta nekik, hogy tartsák be a kovásztalan kenyér ünnepét. Ez azt szolgálta, hogy örökre emlékezzenek a napra, amikor Egyiptomból megszabadultak.

Az Exodus spirituális jelentése

Az Exodus napja nem csak egy nap a szabadságból, amelyet a zsidók több ezer évvel ezelőtt visszaszereztek.

Az az „Egyiptom," amelyben az izraeliták rabságban éltek „ezt a világot" jelképezi, amely az ellenséges ördög és a Sátán ellenőrzése alatt áll. Ahogy a zsidókat üldözték és rosszul bántak velük, amíg rabságban voltak Egyiptomban, az emberek is attól a fájdalomtól és szomorúságtól szenvednek, amelyet az ellenséges ördög és a Sátán hoz rájuk, ha nem ismerik Istent.

Amikor a zsidók megtapasztalták a tíz csapást, amely Mózes által történt meg, megismerték Istent. Követték Mózest kifele Egyiptomból, hogy bemehessenek az ígéret földjére, Kánaánba, amit Isten megígért az elődjüknek, Ábrahámnak.

Ez ugyanaz, mint manapság azok az emberek, akik nem ismerték korábban Istent, de elfogadták a Jézus Krisztust.

Az Egyiptomból kijövő zsidók azokhoz az emberekhez hasonlítanak, akik az ellenséges ördög és a Sátán rabszolgaságából kijönnek azzal, hogy elfogadják Jézus Krisztust, és Isten gyermekeivé válnak.

A zsidók útja a Kánaán Földjére, ahol tej és méz folyik, nem különbözik azoktól a hívőktől, akik a hit útját járják be a mennyei királyság felé.

A Kánaán földje, mely tejjel és mézzel folyik

Az Exodus folyamatában Isten nem egyből vezette a zsidókat a Kánaán Földjére. A vadonban kellett bolyongjanak, mivel volt egy erős nemzet, Filisztea, amely a Kánaánba vezető legrövidebb úton volt.

Hogy azon a földön átmenjenek, háborút kellett volna viselniük a filiszteusok ellen. Isten tudta, hogy ha ezt teszik, azok, akiknek nem volt hite, visszamentek volna Egyiptomba.

Hasonlóképpen, azok, akik éppen elfogadták Jézus Krisztust, nem kapnak egyből igaz hitet. Ha egy nagyobb próbatétel előtt találják magukat, mint például a filiszteusok erős nemzete, nem mennek át rajta, aminek az eredményeképp elhagyják a hitüket. Ezért mondja ezt Isten: *„Nem egyéb, hanem csak emberi kísértés esett rajtatok: de hű az Isten, a ki nem hágy titeket feljebb kísértetni, mint elszenvedhetitek; sőt a kísértéssel egyetemben a kimenekedést is megadja majd, hogy elszenvedhessétek"* (1 Korinthusi 10,13).

Ahogy a zsidók addig meneteltek a vadonban, amíg el nem érték a Kánaán földjét, még miután Isten gyermekeivé válunk, akkor is előttünk lesz a hitbeli utazás, amíg elérjük a mennyei királyságot, amely a Kánaán Földje.

Bár a vadon kemény volt, azok, akiknek volt hite, nem fordultak vissza, mert várták a szabadságot, békét, és a Kánaán Földjén a bőséget, melyet Egyiptomban nem tudtak élvezni. Ugyanez a helyzet manapság is.

Bár néha keskeny és nehéz úton kell haladnunk, elhisszük a mennyei királyság szépséges dicsőségét. Nem gondoljuk, hogy a hit futama nehéz, és mindent leküzdünk Isten segítségével és hatalmával.

Végül Izrael népe elkezdte az utazást a Kánaán földje felé, mely tejel és mézzel folyik. Hátrahagyták a földet, ahol több mint 400 évig éltek, és elkezdték a hitbeli menetelésüket Mózes vezérlésével.

Voltak emberek, akik a marhákat vitték. Mások felrakták a ruhákat, ezüstöt és aranyat, amit az egyiptomiaktól kaptak. Néhányan a kovásztalan tésztát csomagolták fel, míg mások vigyáztak a csecsemőkre és az idősekre. Végtelen volt a zsidók száma, akik elmenni készültek.

És elindulának Izráel fiai Rameszeszből Szukhóthba, mintegy hatszáz ezeren gyalog, csupán férfiak a gyermekeken kívül. Sok elegy nép is méne fel velök; juh is, szarvasmarha is, felette sok barom. És sütének a tésztából, melyet Égyiptomból hoztak vala, kovásztalan pogácsákat, mert meg nem kelhet vala, mivelhogy kiűzetének Égyiptomból és nem késhetének s még eleséget sem készítének magoknak (Exodus 12,37-39).

A szívük megtelt szabadsággal, reménnyel és üdvösséggel ezen a napon. Hogy megünnepeljék ezt a napot, Isten azt parancsolta nekik, hogy az elkövetkező összes generáción át megünnepeljék a kovásztalan kenyér ünnepét.

A kovásztalan kenyér ünnepe

A jelenben a húsvét helyettesíti a kovásztalan kenyér ünnepét. A húsvét az az ünnep, amellyel megköszönjük Istennek, hogy a bűneink megbocsáttattak Jézus keresztre feszítése révén. Ezen a napon megünnepeljük: lehetővé vált számunkra, hogy kijöjjünk a sötétségből, és bemenjünk a fénybe az Ő feltámadása révén.

A kovásztalan kenyér ünnepe Izrael három fő ünnepének

egyike. Ezzel ünnepelik meg, hogy kivonultak Egyiptomból Isten keze által. A húsvét éjszakától kezdve hét napon át csak keletlen kenyeret esznek.

Még miután oly sok csapást elszenvedett az egyiptomiakkal együtt, a Fáraó akkor sem gondolta meg magát. Végül Egyiptom el kellett hogy szenvedje az elsőszülött halálát, beleértve a Fáraót is, akinek szintén meghalt a gyereke. A Fáraó gyorsan magához hívta Mózest és Áront, és azt mondta nekik, hogy azonnal hagyják el Egyiptomot. Ezért nem volt idejük a kenyeret megkeleszteni. Ennek következtében kovásztalan kenyeret kellett enniük.

Isten azért is engedte meg, hogy keletlen kenyeret egyenek, hogy emlékezni tudjanak a szenvedésükre, és megköszönjék, hogy a rabszolgaságtól megszabadultak.

A húsvét ünnepével az elsőszülött halálának csapásától való megszabadulásra emlékezünk. Bárányhúst, keserű növényeket és kovásztalan kenyeret esznek. A keletlen kenyér ünnepével azt ünneplik meg, hogy egy hétig élesztő nélküli kenyeret ettek a vadonban, miután sietve elhagyták Egyiptomot.

Manapság a zsidók egy hétig ünnepelnek, munka nélkül, hogy megtartsák a húsvétot, beleértve a keletlen kenyér ünnepét is.

Ne egyél azzal semmi kovászost, [hanem] hét napon át egyél azzal kovásztalan lepényeket, nyomorúságnak kenyerét, (mert sietséggel jöttél ki Égyiptom földéről) hogy megemlékezzél arról a napról életednek minden idejében, a melyen kijöttél Égyiptom földéről (Deuteronomé 16,3).

A kovásztalan kenyér ünnepének spirituális jelentősége

Hét napig egyetek kovásztalan kenyeret; még az első napon takarítsátok el a kovászt házaitokból, mert valaki kovászost ejéndik az első naptól fogva a hetedik napig, az olyan lélek irtassék ki Izráelből (Exodus 12,15).

Itt az „első nap" az üdvösség napjára vonatkozik. Miután megszabadultak az elsőszülött halálának csapásától és kijöttek Egyiptomból, a zsidóknak hét napig keletlen kenyeret kellett enniük. Hasonló módon, miután elfogadjuk Jézus Krisztust, és megszáll bennünket a Szentlélek, spirituális értelemben kovásztalan kenyeret kell hogy együnk, hogy a teljes üdvösséget elérjük.

Spirituális értelemben keletlen kenyeret enni azt jelenti, hogy elhagyjuk a világi életet, és a keskeny úton haladunk tovább. Miután elfogadjuk Jézus Krisztust, le kell ereszkednünk, és a keskeny úton kell haladnunk, hogy alázatos szívvel elérjük a teljes üdvösséget.

Kovásztalan kenyeret enni a kelt kenyér helyett azt jelenti, hogy a széles és könnyű út követése helyett a keskeny utat választjuk. Természetesen, azok, akik ezt az utat választják, nem mind fognak üdvözülni. Ezért Isten azt mondja, hogy akik kelt kenyeret esznek, nem mehetnek Izraelbe.

Milyen tanulságot hordoz a keletlen kenyér ünnepe a mai világban?

Először, mindig emlékeznünk kell, és meg kell köszönnünk Isten szeretetét, valamint az üdvösség kegyelmét, amelyet szabadon megkapunk Jézus Krisztus megváltása által.

A zsidók az egyiptomi rabszolgaságukra emlékeznek azzal, hogy hét napig keletlen kenyeret esznek, és ezzel hálát adnak Istennek, hogy megszabadította őket. Hasonlóképpen nekünk hívőknek is, akik spirituális zsidók vagyunk, emlékeznünk kell Isten szeretetére és kegyelmére, aki elvezetett bennünket az örök élet útjára, és köszönetet kell mondanunk mindenben.

Emlékeznünk kell a napra, amikor találkoztunk Istennel, és megtapasztaltuk Őt, valamint a napra, amikor újra megszülettünk, vízzel és a Szentlélekkel, és hálásak kell lennünk, emlékezve az Ő kegyelmére. Azok, akiknek valóban jó szívük van, nem fogják elfelejteni az Úrtól kapott kegyelmet. Ez az ember feladata, és ez a szépséges szív jóságos feladata.

Ezzel a jó szívvel, függetlenül attól, hogy milyen nehéz a jelen valósága, soha nem feledjük el a szeretetet és a kegyelmet, hanem hálásak leszünk az Ő kegyelméért, és örökké örülni fogunk.

Ez volt Habakuk esete is, aki Józseás király idejében volt aktív, körülbelül i.e. 600-ban.

Mert a fügefa nem fog virágozni, a szőlőkben nem lészen gyümölcs, megcsal az olajfa termése, a szántóföldek sem teremnek eleséget, kivész a juh az akolból, és nem lesz ökör az istállóban. De én örvendezni fogok az Úrban, [és] vígadok az én szabadító Istenemben (Habakkuk 3,17-18).

Az országa, Júdea, szembe kellett hogy nézzen a kalderaiak (babilóniaiak) által képviselt veszéllyel, és Habakuk prófétának végig kellett néznie, hogy az országa elesik, de ahelyett, hogy elkeseredettségbe menekült volna, Habakuk hálálkodott, és köszönetet mondott Istennek.

Hasonlóképpen, függetlenül attól, hogy valaki milyen helyzetben van, csak az által, hogy Isten kegyelme által üdvözülünk, teljesen ingyen, a szívünk mélyéről lehetünk igazán hálásak.

Másodszor, nem szabad csak megszokásból élni a hitbeli életünket, és nem szabad visszaesnünk egy korábbi száraz életformába, és nem szabad olyan keresztény életet élnünk, amelyben nincs változás vagy fejlődés.

Passzív keresztény életet folytatni azt jelenti, hogy ugyanolyanok maradunk, mint voltunk. Stagnáló életet jelent, langyos, megszokott hittel. A hit formalitását mutatja, anélkül, hogy a szívünket körülmetélnénk. Ha fázunk, lehet, hogy Isten megbüntet, hogy megújulhassunk és megváltozhassunk. Ha langyosak vagyunk, a világgal kompromisszumot kötünk, és nem próbáljuk meg eldobni a bűneinket. Nem fogjuk tudatosan és könnyen elhagyni Istent teljesen, mivel a Szentlélek már megszállt bennünket, és nagyon jól tudjuk már, hogy van mennyország és pokol. Ha érezzük a hiányosságainkat, Istenhez fogunk imádkozni miattuk. Azok, akik langyosak, egyáltalán nem mutatnak lelkesedést. Ezek lesznek a „templomba járók." Lehet, hogy érzik a fájdalmat a szívükben a szerencsétlenségük miatt, de ahogy az idő telik, még ezek az érzések is elmúlnak.

„Így mivel lágymeleg vagy, sem hideg, sem hév, kivetlek téged az én számból" (Jelenések könyve 3,16). Ők nem üdvözülhetnek. Ezért Isten azt teszi, hogy időről időre végig kell néznünk különböző ünnepeket, hogy leellenőrizhessük a hitünket, hogy teljesen felnőtté és éretté válhasson.

Harmadjára, örökre meg kell őriznünk az első szerelem kegyelmét. Ha elveszítettük, arra a pontra kell gondolnunk, amikor ez megtörtént, és elestünk, meg kell bánnunk a bűneinket, és gyorsan vissza kell nyernünk az első cselekedeteinket.

Bárki, aki elfogadta Jézus Urunkat, megtapasztalhatja az első szeretet kegyelmét. Isten kegyelme és szeretete olyan nagy, hogy az életének minden napja öröm és boldogság lesz.

Ahogy a szülők várják, hogy a gyerekeik megnőjenek, Isten is azt várja a Gyerekeitől, hogy a hitük erősebb legyen. Azonban, ha egy ponton elveszítjük az első szeretet kegyelmét, a lelkesedésünk és szeretetünk le fog hűlni. Ha imádkozunk, azt is csak kötelességtudatból tegyük.

Amíg elérjük a teljes szentesülést, bármikor elveszíthetjük az első szeretetet, ha a szívünket a Sátánnak adjuk. Ily módon, ha elveszítettük az első szeretet kegyelmét, meg kell keresnünk az okát, gyorsan bűnbánatot kell tartanunk, és meg kell térnünk.

Sokan azt mondják, hogy a keresztény élet keskeny és nehéz út, de Mózes ötödik könyvének 30,11 verse ezt mondja: *„Mert e parancsolat, a melyet én e mai napon parancsolok néked, nem megfoghatatlan előtted; sem távol nincs tőled."* Ha rájövünk Isten igaz szeretetére, a hitbeli utazás soha nem lehet nehéz. Azért nem, mert a jelen szenvedései nem hasonlíthatóak össze a később kapott dicsőséggel. Boldogok lehetünk, hogy elképzelhetjük ezt a dicsőséget.

Ezért, mint olyan hívők, akik az utolsó napokat éljük, mindig engedelmeskednünk kell Isten szavának, és mindig a fényben kell élnünk. Ha nem a széles világi utat, hanem a hit keskeny ösvényét járjuk, be tudunk menni majd a Kánaánba, mely tejjel és mézzel folyik.

Isten megajándékoz bennünket az üdvösség kegyelmével, és az első szeretet örömével. Megáld bennünket, hogy elérjük a szentesülést, és a hitbeli menetelésünk által megengedi nekünk, hogy erővel bemenjünk az örök mennyei királyságba.

Tízedik fejezet

Az engedelmes élet és az áldások

5 Mózes 28,1-14

„Ha pedig szorgalmatosan hallgatsz az Úrnak, a te Istenednek szavára, és megtartod és teljesíted minden ő parancsolatát, a melyeket én parancsolok ma néked: akkor e földnek minden népénél feljebbvalóvá tesz téged az Úr, a te Istened; És reád szállanak mind ez áldások, és megteljesednek rajtad, ha hallgatsz az Úrnak, a te Istenednek szavára. Áldott leszesz a városban, és áldott leszesz a mezőben. Áldott [lesz] a te méhednek gyümölcse és a te földednek gyümölcse, és a te barmodnak gyümölcse, a te teheneidnek fajzása és a te juhaidnak ellése. Áldott [lesz] a te kosarad és a te sütő tekenőd. Áldott leszesz bejöttödben, és áldott leszesz kimentedben. Az Úr megszalasztja előtted a te ellenségeidet, a kik reád támadnak; egy úton jőnek ki reád, és hét úton futnak előled. Áldást parancsol melléd az Úr a te csűreidben és mindenben, a mire rátészed kezedet; és megáld téged azon a földön, a melyet az Úr, a te Istened ád néked. Az Úr felkészít téged magának szent néppé, a miképen megesküdt néked, ha megtartod az Úrnak, a te Istenednek parancsolatait, és az ő útain jársz. És megérti majd a földnek minden népe, hogy az Úrnak nevéről neveztetel, és félnek tőled. És bővölködővé tesz téged az Úr [minden] jóban: a te méhednek gyümölcsében, a te barmodnak gyümölcsében és a te földednek gyümölcsében, azon a földön, a mely felől megesküdt az Úr a te atyáidnak, hogy néked adja azt. Megnyitja néked az Úr az ő drága kincsesházát, az eget, hogy esőt adjon a te földednek alkalmas időben, és megáldja kezednek minden munkáját, és kölcsönt adsz sok népnek, te pedig nem veszesz kölcsönt. És fejjé tesz téged az Úr és nem farkká, és mindinkább feljebbvaló leszesz és nem alábbvaló, ha hallgatsz az Úrnak, a te Istenednek parancsolataira, a melyeket én parancsolok ma néked, hogy tartsd meg és teljesítsd azokat; És ha el nem térsz egyetlen ígétől sem, a melyeket én parancsolok néktek, se jobbra, se balra, járván idegen istenek után, hogy azokat tiszteljétek."

Izrael kivonulásának története értékes tanulságokkal szolgál számunkra. Ahogy a fáraóra és Egyiptomra csapások jöttek, mert nem engedelmeskedtek, a Kánaán Földje felé vonulva a zsidóknak is megpróbáltatásaik voltak, és nem élvezhették a bőséget, mivel Isten akarata ellen fordultak.

A húsvét által megszabadultak az elsőszülött halálának csapásától. Amikor azonban nem volt vizük, hogy igyanak, és ételük, hogy egyenek a Kánaán felé vezető úton, elkezdtek panaszkodni.

Egy aranyborjút készítettek, hogy imádhassák, és rosszakat mondtak az ígéret földjéről, és még Mózes ellen is voltak. Mindez azért történt, mert a Kánaán felé vezető utat nem nézték hittel.

Ennek eredményeképpen, az Exodus első generációja, Józsuét és Kálebet kivéve, mind a vadonban haltak meg. Csak Józsué és Káleb hitte el Isten ígéretét, és csak ők engedelmeskedtek Neki, és az Exodus második generációjával bementek a Kánaán Földjére.

A Kánaán Földjére való bemenetel áldása

Mivel az Exodus első generációjának emberei Egyiptom idegen kultúrájában éltek 400 éven át, elveszítették az istenhitük nagy részét. Nagy adag gonoszság került a szívükbe a nehézségek és az üldözések miatt.

Azonban az Exodus második generációjának zsidó embereit megtanították Isten szavára, mivel fiatalok voltak. Mivel Isten számos erőteljes munkáját megtapasztalták, nagyon eltérőek voltak a szüleik generációjától.

Megértették, miért nem mehetett a szüleik generációja a Kánaán Földjére, hanem 40 évig a vadonban kellett maradnia. Teljesen késznek mutatkoztak arra, hogy Istennek és a vezetőjüknek engedelmeskedjenek, igaz hittel. A szüleik generációjával ellentétben, akik állandóan panaszkodtak, még akkor is, amikor Isten számos erőteljes munkáját megtapasztalták, megfogadták, hogy teljesen engedelmeskedni fognak. Megvallották, hogy teljesen engedelmeskednek Józsuénak, aki Isten akaratából Mózest követte.

> *A mint Mózesre hallgattunk, épen úgy hallgatunk majd te reád, csak legyen veled az Úr, a te Istened, a miképen vele volt Mózessel. Mindenki, a ki ellene szegül a te szódnak, és nem hallgat a te beszédedre mindabban, a mit parancsolsz néki, megölettessék. Csak bátor légy és erős!* (Józsué 1,17-18).

A vadonban eltöltött 40 év, mialatt a zsidók bolyongtak, nem csak a büntetés ideje volt. A spirituális tréning ideje volt a második generáció számára, akik az Exodus után bemehettek a Kánaán Földjére.

Mielőtt Isten megáld bennünket, különböző spirituális edzéseknek tesz ki bennünket, hogy legyen szellemi hitünk. Ez azért van, mert spirituális hit nélkül nem üdvözülhetünk, és nem mehetünk a mennyei királyságba.

Ha Isten megáld az előtt, hogy a szellemi hitünk kialakult volna, nagyon valószínű, hogy közülünk a legtöbben visszatérnének a világi életbe. Isten az Ő munkáinak hatalmas erejét megmutatja nekünk, és néha tüzes próbáknak tesz ki minket, hogy a hitünk nőhessen.

Az első engedelmességi verseny, amelyet a második generációnak meg kellett nyerni, a Jordán folyónál volt. A Jordán folyó a Moábi síkság és Kánaán Földje között volt, és abban az időben a folyása nagyon erőteljes volt, és gyakran kiöntött a medréből.

Mit mondott itt Isten? Azt mondta a papoknak, hogy vigyék a Szövetséges Bárkáját, és elöl meneteljenek, hogy elsőként lépjenek a folyóba. Amint az emberek meghallották Isten akaratát Józsué révén, hezitálás nélkül a Jordán folyó felé mentek, elöl a papokkal.

Mivel hittek a mindentudó és hatalmas Istenben, panasz vagy kétely nélkül tudtak engedelmeskedni. Ennek eredményeképpen, amikor a papok, akik a bárkát vitték, megérintették a vizet a partról, a vízfolyam elállt, és szárazföldként át tudtak menni rajta.

Jerikó városát is elpusztították, amelyről azt mondták, hogy bevehetetlen erőd volt. A mai helyzettel ellentétben nem voltak erős fegyvereik, majdnem teljesen lehetetlen volt ilyen erős falakat bevenni, mivel ezek két falból álltak gyakorlatilag.

Még a teljes erejükkel is nagyon nehéz feladat lett volna ledönteni. Isten azonban azt mondta nekik, hogy hat napig járják körül naponta egyszer a várost, és a hetedik napon korán keljenek fel, és hétszer járják körbe, és hangosan kiabáljanak.

Abban a helyzetben, amikor az ellenséges erők a falakon őrködtek a falakon, az Exodus második generációja elkezdett menetelni a fal körül, hezitálás nélkül.

Az ellenség sok nyilat célozhatott rájuk, és teljes támadást is intézhettek volna ellenük. Abban a veszélyes helyzetben engedelmeskedtek Isten szavának, és körbejárták a várost. Még az erős falak is leomlottak, amikor a zsidók engedelmeskedtek Isten szavának.

Áldásokat kapni az engedelmesség által

Az engedelmesség bármilyen körülményeket legyőz. Ez az útja annak, hogy Isten csodálatos hatalmát lehozzuk magunknak. Emberi perspektívából lehet, hogy úgy gondoljuk, hogy lehetetlenség bizonyos dolgoknak engedelmeskedni. Azonban Isten szemében semmi nincs, aminek ne lehetne engedelmeskedni, és Isten mindenható.

Hogy ezt az engedelmességet megmutassuk, ahogy a bárányt a tűz fölött kell megperzselnünk, teljesen meg kell hallanunk és értenünk Isten szavát, a Szentlélek inspirációja által.

Ahogy Izrael népe megtartotta a húsvétot és a kovásztalan kenyér ünnepét generációkon át, mindig emlékeznünk kell Isten szavára, és be kell tartanunk azt. Azaz, Isten szavával állandóan körül kell metélnünk a szívünket, a gonoszságot és a bűnöket el kell dobnunk magunktól, hálával az üdvösség kegyelme miatt.

Csak ekkor kaphatunk igaz hitet, és mutathatjuk az engedelmesség tökéletes cselekedetét.

Ha az emberi elméletek, tudás és józan ész szerint gondolkodunk, lehet, hogy lesznek olyan dolgok, amelyeknek nem tudunk engedelmeskedni. Isten akarata azonban az, hogy még ezekben a dolgokban is mutassunk engedelmességet. Amikor ezt a fajta engedelmességet mutatjuk, Isten csodálatos munkákat és áldást fog mutatni.

A Bibliában rengeteg embert áldott meg Isten az engedelmessége miatt. Dániel és József azért volt áldott, mert erős hitük volt Istenben, és még a haláluk előtt is, csak Isten szavára hallgattak. Ábrahám, a Hit Atyja életében végig azt látjuk, mennyire örül Isten azoknak, akik engedelmesek.

Az Ábrahámnak adott áldások

És monda az Úr Ábrámnak: Eredj ki a te földedből, és a te rokonságod közül, és a te atyádnak házából, a földre, a melyet én mutatok néked. És nagy nemzetté tészlek, és megáldalak téged, és felmagasztalom a te nevedet, és áldás leszesz (Genezis 12,1-2).

Ekkor Ábrahám hetvenöt éves volt, egyáltalán nem volt fiatal. Nem volt könnyű a számára, hogy az országát elhagyja, és az összes rokonát otthagyja, mivel nem volt fia, aki az örököse lehetett volna.

Isten nem jelölt ki neki egyetlen helyet sem, hogy oda menjen. Csak annyit parancsolt neki, hogy menjen el. Ha az emberi gondolatot alkalmazta volna, nagyon nehéz lett volna engedelmeskednie. Mindent maga mögött kellett hagynia, amit ott felhalmozott, és egy teljesen ismeretlen helyre kellett mennie.

Nem könnyű mindent otthagyva elmenni egy idegen helyre, még akkor sem, ha biztos garancia van a jövőre nézve. Ki tudja elhagyni mindenét, ha a jövő nem is világos? Azonban Ábrahám csak engedelmeskedett.

Volt még egy alkalom, amikor Ábrahám engedelmessége nagyon fényesen ragyogott. Hogy Ábrahám engedelmességét még jobban láthassa, Isten egy próbát engedélyezett neki, hogy aztán megáldhassa.

Azaz, Isten azt kérte tőle, hogy az egyetlen fiát, Izsákot áldozza fel. Még saját magánál is értékesebb volt, azonban hezitálás nélkül engedelmeskedett.

Miután Isten beszélt vele, a Genezis 22,3-ban azt találjuk, hogy korán reggel felkelt, és előkészítette a dolgokat, amivel Istennek akart áldozni, és elment arra a helyre, amelyet Isten mondott neki.

Ez az engedelmesség magasabb szintű volt, mint amikor azt kérte tőle Isten, hogy elhagyja az apja házát. Abban az időben anélkül engedelmeskedett, hogy igazán tudta volna Isten akaratát. Amikor azonban Isten azt kérte tőle, hogy a fiát, Izsákot égő áldozatként ajánlja fel, megértette Isten szívét, és engedelmeskedett Neki. A zsidókhoz írt levél 11,17-19-ben azt látjuk, hogy még akkor is, amikor a fiát fel kellett áldoznia égő áldozatként, hitte, hogy Isten feltámasztja őt, mivel ő volt Isten ígéretének a magja.

Istennek tetszett Ábrahám hite, és Ő Maga készítette elő az áldozatot. Miután Ábrahám átment ezen a teszten, Isten a barátjának hívta őt, és nagyszerű áldásokat küldött rá.

Még ma is, a víz elég kevés Izrael körül. Abban az időben Kánaánban még ennél is szűkebb volt a víz. Azonban bárhová ment Ábrahám, bőséges volt a víz. Még az unokaöccse, Lót is, aki vele lakott, nagy áldást kapott.

Ábrahámnak sok tehene, aranya és ezüstje volt, nagyon gazdag volt. Amikor az unokaöccsét, Lótot elfogták, Ábrahám magával vitt 318 embert, aki a házánál nevelkedett, és megszabadította Lótot. Láthatjuk, mennyire gazdag volt.

Ábrahám engedelmeskedett Isten szavának. A föld és a környék áldott lett, és aki vele tartott, mind áldást kapott.

Ábrahám által a fia, Izsák is áldott lett, és olyan sok utóda lett, hogy egy nemzetet alkottak. Továbbá, Isten azt mondta neki, hogy bárkit, aki megáldja, Ő is meg fogja áldani, és bárkit, aki megátkozza őt, Ő is meg fogja. Annyira tisztelték, hogy még a szomszédos országok királyai is megemlékeztek róla.

Ábrahám minden áldást megkapott, amit ezen a földön meg lehet kapni, beleértve a vagyont, hírnevet, tekintélyt, egészséget, gyerekeket. Amint Mózes 5. könyvének 28. fejezetében látjuk, akkor is megáldották, amikor bejött, és akkor is, amikor kiment valahonnan.

A hit atyja, és az áldások forrása lett. Sőt, mélyen megértette Isten szívét, és Isten úgy tudta vele megosztani a Szívét, mint a barátjával. Milyen dicsőséges áldás ez!

Mivel Isten a szeretet, Ő azt szeretné, ha mindenki olyanná válna, mint Ábrahám, és áldott és dicsőséges helyet érne el. Ezért Isten Ábrahámról részletes leírást hagyott. Bárki, aki követi a példáját, és engedelmeskedik Isten szavának, ugyanezeket az áldásokat megkaphatja, mint Ábrahám, amikor bejön, és amikor kimegy valahonnan.

Isten szeretete és igazságossága, aki meg akar bennünket áldani

Eddig megnéztük Egyiptom tíz csapását, és a húsvétot, ami a zsidók számára a szabadulást jelentette. Ezzel megérthetjük, miért vannak katasztrófák az életünkben, hogyan előzhetjük meg őket, és hogyan üdvözülhetünk.

Ha gondoktól és betegségtől szenvedünk, meg kell értenünk, hogy az eredetük a saját gonoszságunkban van. Gyorsan meg kell vizsgálnunk magunkat, meg kell bánnunk a bűneinket, és a gonoszság minden formáját le kell vetkőznünk. Ábrahám által azt is láthatjuk, milyen csodálatos áldásokat küld Isten azokra, akik engedelmeskednek neki.

Minden katasztrófának megvan az oka. Annak megfelelően, hogy mennyire jövünk rá a szívünkben, hagyjuk magunk mögött a bűnöket és a gonoszságot, és mennyire változunk meg, az eredmény nagyon különböző lesz. Néhány ember csak megfizeti a hibáinak a büntetését, míg mások megtalálják a gonoszságot és a sötétséget a szívükben a szenvedés által, és esélyt adnak maguknak, hogy megváltozzanak.

Mózes 5. könyvének 28. fejezetében összehasonlítást találunk az áldások és átkok között, amelyek ránk jönnek, ha engedelmeskedünk, vagy engedetlenek vagyunk Isten szavával szemben.

Isten meg akar áldani minket, de amint Mózes 5. könyvének 11,26 verse mondja: *„Lásd, én adok ma előtökbe áldást és átkot!"* – a választás tőlünk függ. Ha babot vetünk, bab fog kikelni. A bűneink következményeként a Sátán katasztrófákat hoz ránk. Ebben az esetben, Istennek meg kell engednie a katasztrófákat a számunkra, az igazságosságának megfelelően.

A szülők azt szeretnék, ha a gyerekeik jól élnének, és ezt mondják: „Tanulj sokat," „Élj egyenes életet," „Tartsd be a közlekedési szabályokat," és így tovább. Ugyanezzel a szívvel, Isten megadta nekünk a Tízparancsolatot, és azt szeretné, ha engedelmeskednénk ezeknek. A szülők soha nem szeretnék, ha a gyerekeik nem engedelmeskednének nekik, és a balszerencse és pusztulás útjára térnének. Hasonlóképpen, Isten soha nem azt akarja, hogy a bajoktól szenvedjünk.

Ezért az Úr Jézus Krisztus nevében imádkozom, hogy rájöjjetek mindannyian, hogy Isten akarata a Gyermekei számára az, hogy ne katasztrófa, hanem áldás szálljon ránk, és hogy az engedelmes életünkkel áldásokat kapjunk, amikor bejövünk, és amikor kimegyünk, és minden jól menjen velünk.

A szerző:
Dr. Jaerock Lee tisztelendő

Dr. Jaerock Lee Muanban, Jeonnam Tartományban, a Koreai Köztársaságban született, 1943-ban. A húszas éveiben hét évig gyógyíthatatlan betegségekben szenvedett, és a gyógyulás reménye nélkül várta a halált. Egy napon 1974-ben azonban a nővére elvitte egy templomba, és amikor letérdelt, hogy imádkozzon, az Élő Isten az összes betegségéből kigyógyította.

Attól a pillanattól fogva, hogy e csodás tapasztalat révén Dr. Lee találkozott az Élő Istennel, teljes szívéből és őszintén szereti Istent, és 1978-ban elhivatott az Ő szolgájaként. Buzgón imádkozott, hogy megérthesse Isten akaratát, és teljesen beteljesítse azt, és Isten igéjét teljesen betartotta. 1982-ben megalapította a Manmin Központi Egyházat Szöulban, Koreában, és azóta számtalan isteni munka történt ebben a templomban, beleértve a nagyszerű gyógyulásokat és a csodákat.

1986-ban lelkésszé szentelték a Jézus Sungkyul Koreai Egyházának éves összejövetelén, és négy évvel később, 1990-ben az istentiszteleteit elkezdték közvetíteni Ausztráliában, Oroszországban, a Fülöp-szigeteken, és számos más országban, a Far East Broadcasting Company, az Asia Broadcast Station, valamint a Washington Christian Radio System közreműködésével.

Három évvel később, 1993-ban a Manmin Központi Templomot beválasztották „A világ legjobb 50 temploma" közé, a *Christian World Magazin* (Keresztény Világmagazin) által (USA), és tiszteletbeli doktori címet kapott a Christian Faith College, Florida, USA, intézménytől, és 1996-ban doktori címet is – a lelkészi tudományokban – az iowai Kingsway Theological Seminary-től, az Egyesült Államokból.

1993 óta Dr. Lee a világmisszió terén vezető szerepet vállal, külföldön az Egyesült Államokban, Tanzániában, Argentínában, Ugandában, Japánban, Pakisztánban, Kenyában, a Fülöp-szigeteken, Hondurasban, Indiában, Oroszországban, Németországban és Peruban, és 2002-ben „világszintű lelkésznek" nevezték a vezető koreai keresztény újságok, a külföldi Nagy Egyesült Missziókban kifejtett tevékenységéért.

2014. július a Manmin Központi Templom több mint 120. 000 tagot számlált, 10. 000 hazai és külföldi leányegyháza volt szerte a világon, és eddig több mint 129 misszionáriust küldött 23 országba, beleértve az Egyesült Államokat, Oroszországot, Németországot, Kanadát, Japánt, Kínát, Franciaországot, Indiát, Kenyát, és sok más országot.

A mai napig Dr. Lee 87 könyvet írt, közöttük a rekord példányszámban eladott *Az Örök Élet Megkóstolása a Halál Előtt, Életem Hitem I és II, A Kereszt Üzenete, A Hit Mértéke, A Mennyország I és II, A Pokol, Isten Hatalma*, és a munkáit több mint 76 nyelvre lefordították.

A keresztény rovatai megjelennek a *The Hankook Ilbo, The JoongAng Daily, The Dong-A Ilbo, The Chosun Ilbo, The Munhwa Ilbo, The Seoul Shinmun, The Kyunghyang Shinmun, Koreai Napi Gazdaság (The Korea Economic Daily), The Korea Herald, The Shisa News*, és a *Keresztény Sajtó (The Christian Press)* hasábjain.

Dr. Lee jelenleg több tisztséget tölt be: a Koreai Egyesült Szentség Egyház elnöke; a Manmin Misszió elnöke; a Global Christian Network (GCN) alapítója és igazgatótanácsának elnöke; a The World Christian Doctors Network (WCDN) alapítója és igazgatótanácsának elnöke; és a Manmin Nemzetközi Lelkészképző (MIS) alapítója és igazgatótanácsának elnöke.

Más, hasonlóan hatásos könyvek a szerzőtől:

Mennyország I & II

Egy részletes vázlat a mennyei állampolgárok dicsőséges körülményeiről, amelyet Isten dicsőségében élveznek.

A Kereszt Üzenete

Egy erőteljes ébresztő üzenet mindazoknak, akik spirituálisan alszanak. Ebben a könyvben megtalálod Isten igaz szeretetét, valamint megtudod: miért Jézus az egyedüli Megmentő?

Pokol

Egy őszinte üzenet az emberiségnek Istentől, aki azt kívánja, hogy egyetlen lélek se hulljon a pokol mélységeibe! Felfedezheted Hadész soha fel nem tárt képét, valamint a pokol kegyetlen valóságát.

Szellem, Lélek és Test I & II

Egy kézikönyv, mely segíti spirituális megértést a lélekkel, szellemmel, testtel kapcsolatban, és segít megtalálni, hogy milyen „énünk" van, hogy erőt nyerjünk, mellyel a sötétséget legyőzhessük, és a szellem emberévé váljunk.

A Hit Mértéke

Milyen mennyei helyet, és milyen koronákat és jutalmakat készítenek elő a számodra a mennyekben? Ez a könyv ellát bölcsességgel és útmutatással téged, hogy megmérhesd a hited, valamint a legjobb és a legérettebb hitet gyakorolhasd.

Ébredj Izrael!

Miért tartotta Isten a szemét a világ végétől máig Izraelen? Milyen gondviselést tartogat Izrael számára – akik ma is a Messiást várják – az utolsó napokra?

Életem, Hitem I & II

Dr. Jaerock Lee önéletrajza a legkellemesebb spirituális aromát nyújtja az olvasó számára, az élete az Isten iránti szeretet által kezdett virágozni, miután sötét hullámok, hideg járom jutott számára, valamint a legmélyebb elkeseredés.

Isten Hatalma

Egy kihagyhatatlan olvasmány, egy alapvető útmutató az igaz hit eléréséhez, és Isten csodáinak megtapasztalásához.

www.urimbooks.com

www.ingramcontent.com/pod-product-compliance
Lightning Source LLC
LaVergne TN
LVHW041813060526
838201LV00046B/1256